マンガでわかる行動経済学

いつも同じ店で食事をしてしまうのは?
なぜギャンブラーは自信満々なのか?

ポーポー・ポロダクション

SB Creative

著者プロフィール

ポーポー・ポロダクション

「人の心を動かせるような良質でおもしろいものをつくろう」をポリシーに、遊び心を込めたコンテンツ企画や各種制作物を手がけている。色彩心理と認知心理を専門とし、心理学を活用した商品開発や企業のコンサルタントなども行っている。著書に『マンガでわかる色のおもしろ心理学』『マンガでわかる色のおもしろ心理学2』『マンガでわかる心理学』『マンガでわかる人間関係の心理学』『マンガでわかる恋愛心理学』『マンガでわかるゲーム理論』『デザインを科学する』(サイエンス・アイ新書)、『今日から使える!「器が小さい人」から抜け出す心理学』『人間関係に活かす! 使うための心理学』『自分を磨くための心理学』(PHP研究所)、『「色彩と心理」のおもしろ雑学』(大和書房)などがある。

http://www.paw-p.com/

本文デザイン・アートディレクション:クニメディア
イラスト:ポーポー・ポロダクション
校正:長岡恒存、壬生明子

はじめに

漢字が並ぶその名称から行動経済学は難解な「経済」の話だと思われることもあります。しかしそれは間違いです。行動経済学は心理学の影響を強く受けた、経済行動に関する人の心の動きをわかりやすく教えてくれる学問です。そのため、とてもリアルで、そして内容がおもしろいのが特徴です。

では本書どんな内容が書かれているか、少しだけ紹介します。

・ギャンブルをする人はなぜ自信満々なのか？
・貯金ができない人の心理メカニズム
・免許の更新に行くと事故率が低下する理由
・行動経済を活用した宝くじの当選金アップ術
・部下に○○を示すとちゃんと動く
・安い料金プランに乗り換えられないのはなぜ？
・なぜ人は「1,980円」と聞くと安そうに思うのか？
・人の名前を覚えられない理由と覚え方
・売り上げを伸ばすには商品の種類を何種類にすべきか
・お札の価値は1万円札1枚と千円札10枚では違うと感じるのはなぜ？

・席を譲ったときにお金をもらうと、あまりよい気分にならないのはなぜ？
・「iPad」の普及に貢献した心理プロセス戦略
・「無料」に過剰に反応してしまうのはなぜか？
・あなたは知らない、競馬にある心理トラップ
・BGMのテンポが遅いと売り上げが伸びる
・「もう100円」とUFOキャッチャーについお金を使ってしまう心理を知ると、超音速旅客機「コンコルド」が商業的に失敗した理由がわかる

これらはほんの一例です。行動経済学はそのまま経済の話として語られますが、非常に身近なところでも活用されています。本書ではそれらを複数紹介しながらどうしてそうなるのかを、心理学や脳科学のアプローチも使って説明しています。

序章は「行動経済学とはなにか」をテーマに、行動経済学の生い立ちや活用法、人がしてしまう勘違いについて解説しています。第1章では不思議な経済心理を紹介、価格の表示方法によってものを安く感じたり、高いものをおいしく感じたりする不思議な行動傾向を解説しています。第2章では合理的な判断を阻害する2つのシステムを説明し、なぜ判断に誤りが生まれるのかを解説。「なぜそんな判断をしてしまうのか」の「なぜ」がわかります。第3章では私たちの基本原理である「比較」と「マネ」に

ついて説明をしています。ついついものごとを比較してしまう私たちの構造を、豊富な例題とともに見てみます。第4章は、投資やギャンブルのなにに魅力を感じ、なぜ気持ちを駆り立てられるのか？ そして多くの人が陥ってしまう罠を解説。第5章では行動経済を活用した応用方法を紹介していきます。

また本書のイラストには不合理なサルたちが多数登場します。彼らは感情や表現したい色を頭の花の形や色で表現する「ミホンザル」と呼ばれる種類のサルです。ちなみにオスの頭には淡い黄色、メスは淡いピンクの花が咲いています。怒ると赤に、絶望すると青、さらにショックを受けると枯れるそうです。日本の固有種であるニホンザルの亜種ですが、くわしい生態はほとんどわかっていません。また今回はミホンザルに加え、合理的で賢いイヌとして有名な経済犬「ケイザイヌ」が登場しています。合理的に考えるなら、なにも価値を見いだせないこのマンガに協力してくれたことをこの場を借りて心からお礼を申し上げます。

ポーポー・ポロダクション

マンガでわかる行動経済学

いつも同じ店で食事をしてしまうのは？　なぜギャンブラーは自信満々なのか？

CONTENTS

おもしろくてカンタン
人の心で動く
経済の話
選択肢が多いと
人は選ばなくなる？
BGMのテンポが
ゆっくりだと
売り上げが増えるって？

SB Creative

CONTENTS

序　章

行動経済学とは

行動経済学は身近なテーマで人の不思議な経済活動を考えます。それは、おもしろくてためになるリアルな経済学です。序章ではそんな行動経済学の概要や人の視覚や記憶の話を加え、楽しい経済の話を紹介します。

なぜいつも同じ店で食事をしてしまうのか？
〜損失回避の傾向／失敗したくない気持ちが先行する〜

「行動経済学」は経済活動にかかわる不思議な行動を考えるリアルでおもしろい経済学です。たとえば、みなさんの日ごろの行動について振り返ってみましょう。ランチや仕事帰りの居酒屋、友人とお茶をするカフェなど、ついつい同じ店に行ってしまいがちです。世の中にはたくさんの店があるというのに、なんでそんな行動をとってしまうのでしょうか？ これはどんな心の動きからきているのでしょう？

味も値段も悪くないし、店の雰囲気も店員もよい。いつも行く店も悪くないけど、もし違う店に行ったらもっとおいしいかもしれない。でも……苦手な味かもしれないし、料理がでてくるのが遅かったら仕事に戻れない。それはとても困るから、ちょっと冒険してみる気持ちになれない。やっぱりいつもの店でいいか。

人は自分の経験をもとに「失敗したくない」という気持ちを強くもっている生き物です。「得をしたい」という気持ちより、実は「損をしたくない」という気持ちが強くあるのです。そのため人は新しいお店を開拓せず、無難な選択をして同じ店に行ってしまいます。これを経済行動学では「損失回避の傾向」と呼んでいます。損失回避の気持ちが強い人は同じ店でも同じメニューを頼んでしまう傾向があります。「もし、違うものを頼んで、おいしくなかったら嫌だ」という気持ちが心の奥に隠されているのです。

不況になると定番商品がよく売れます。こうした消費者心理も人の損失回避の傾向によるものです。新しいものをいろいろと買わないで、いつもの価格でいつもの味（利益）だけど、もし違うものを買って失敗するよりはいいと人は考えてしまうのです。

いつものカフェで
いつものティーを
ついいつものメイドカフェに
癒しを求めて来てしまう
キャー
それは
失敗を恐れて
いるから!
えっ?
そうか….
よし失敗を恐れず
明日は新しい店の開拓へ!
翌日….
んー
まちがって
冥土カフェに….

もし給料が突然下がったとしたら?

～「損したお金」と「得したお金」、お金の価値は一定か?～

多くの人は得をしたときに得るよろこびの感情よりも、損をしたときに感じるイヤな感情のほうがより大きいといわれています。たとえばこんな状況を考えてみてください。

あなたが勤めている会社の業績が好調で、社長が気前よく来月から社員の給料を一律1万円上げてくれることになりました。仕事の評価と関係なく給料が上がるのですから、とても得した気分になるでしょう。

では逆に、会社の都合で来月の給料から1万円下がったとしたらどうでしょう？ 1万円上がったときと同じだけ悲しい気持ちになったでしょうか？

多くの人は1万円上がったときよりも1万円下がったときのほうがはるかに嫌な気持ちになります。同じ1万円なのになぜなのでしょう？

人は得をしたいと思うよりも、損をしたくないと考えるからなのです。実際、損をしてしまうと得をしたときよりも大きなダメージを受けてしまいます。

標準的な経済学では同じ1万円ですから、上がったときのよろこびも下がったときの悲しみも同じととらえます。しかし実際は感情の動き方には差があります。行動経済学ではこうした理論の経済学から離れて、実験や実社会での経験を通して、人は感情でものを判断するという前提のもとで、さまざまな感情傾向や行動傾向を知ろうとしています。

給料が1万円上がった
よろこびと…
チミ
1万円アップ
よし!
1万円下がったときの悲しみは…
チミ
1万円ダウンネ
同じではない
ルル~
人は損をしたくない
気持ちが強い
2倍は
ちがうネ
だー
やった~
行動経済学はリアルな
感情を取り入れた経済学
である
ん?
よし ボクも
コウドウするぞ
経済だよ!
軽罪!

女性の顔があるとお金が集まる
～不安をやわらげる女性の顔～

経済活動と心理についておもしろい話を1つ紹介します。南アフリカである金融会社とハーバード大学が共同で銀行事業を開始しました。彼らはローンの顧客を増やすためにある実験を行いました。それは取引先に送るローンの案内に利率を高くしたり、低くしたり、抽選で携帯電話が当たるチャンスを用意したりといくつかのサービスを展開し、どんな内容が顧客の心に響くかその反応を調べようとしたのです。するとおもしろい結果が現れました。もっとも効果が顕著にでたのは、案内書に掲載した銀行員の写真だったのです。顧客が男性である場合、案内書に女性銀行員の写真を使うと利率を5%下げた効果と同じものが得られました。当時、南アフリカの相場では小口の短期貸しつけは7.75～11.75%が相場でした。案内書の銀行員の写真が女性の場合、5%利率を高くしても申し込みたいという動機をつくってしまったのです。

これは日本の銀行や消費者金融がローンのメインキャラクターに好感度の高い女性タレントを使うことと似ています。「ローン」=「金貸し」というイメージを払拭し、タレントの良質なイメージと重ねて、好意的な存在と刷り込ませる効果があることは知られています。しかしそれだけではありません。特にローンは最初はなかなか利用しにくいものです。それがきっかけで借金拡大への不安、個人情報の流失不安、店舗側の対応の不安などさまざまな不安がつきまといます。しかし、人（特に男性）は女性の写真を見るだけで不安感が低下してしまう傾向にあるのです。実際にメインキャラクターを大物タレントから女優に変更した消費者金融大手A社は、変更後新規顧客数が伸びているといいます。

ローンの案内に
なんだローンか…
ザ ローン
女性の顔があると
ん？
ローンのご案内
男性はつい申し込みをしてしまう
申し込もうかな～
ローンはコワイ
→　女性の顔
→　きっと優しい
ん？
そうか…
女性の顔は
利用できるぞ…
これで
選挙にでれば
サル吉
他人だろ！

行動経済学とは?
～理論と違うおもしろくてリアルな経済学～

「経済学」というとなにか難しい学問で、金融関係の人や大学で勉強するもの、日常の生活と無縁の存在だと思われている人も多いと思います。しかし、そんなことはありません。経済学は日常に深く関係したものばかりです。経済学は社会全体の経済活動を研究します。「投資」「資金調達」「販売活動」など難しそうに聞こえるものばかりではなく、個人の「貯金」「買い物」、もっと身近な「結婚」「恋愛」などにも広がります。

標準的な経済学はさまざまな経済現象を合理的な人間行動の結果としてとらえてきました。合理的な判断をする人が間違いのない選択をすると考えられています。

でも実際の人の行動はどうでしょう？

確かに人の基本的な判断基準は「これは得か？」「こっちを選ぶと損をするぞ」といった利益にもとづく合理的な判断です。ただしいつでも合理的に判断し、間違いなく選択をするとはかぎりません。予定していなかったのについついその場の気分で「衝動買い」をしてしまったり、中身を確かめることなく外見の雰囲気で「ジャケ買い」をしてしまったりするものです。行動経済学ではこうした人がついついしてしまう「心理」「行動パターン」を実験などから導きだし、その傾向を知ろうと研究されています。行動経済学が重点を置いているのは、経済活動に関するリアルな人間の認知傾向や行動特徴を明らかにすることなのです。

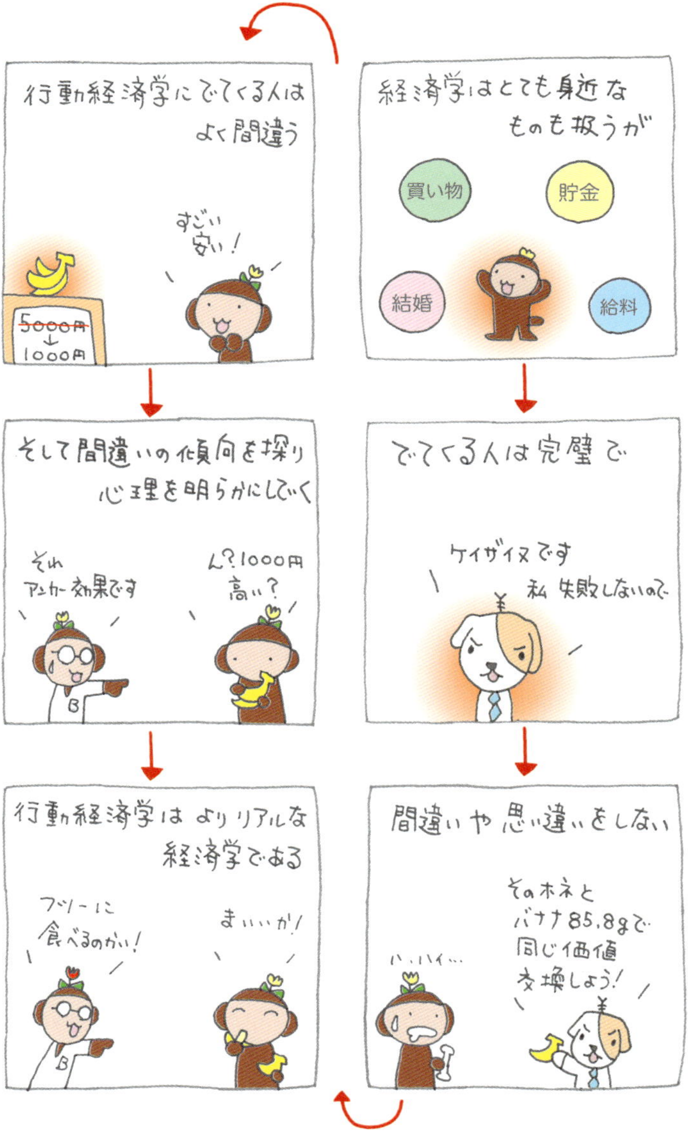
経済学はとても身近なものも扱うが
買い物
貯金
結婚
給料
でてくる人は完璧で
ケイザイヌです
私 失敗しないので
間違いや思い違いをしない
そのホネと
バナナ85.8gで
同じ価値
交換しよう!
ハ、ハイ…
行動経済学にでてくる人は
よく間違う
5000円
↓
1000円
すごい
安い!
そして間違いの傾向を探り
心理を明らかにしていく
それ
アンカー効果です
ん?1000円
高い?
行動経済学はよりリアルな
経済学である
フツーに
食べるのかい!
まいいか!

行動経済学の歴史
～行動経済学の成り立ちと発展～

行動経済学はとりわけ心理学と密接な関係があります。経済学が確立してきた18世紀には、経済学者は心理学者も兼ねていたことがうかがえます。経済学の父といわれるアダム・スミスは『道徳感情論』(1759年)の中で、人間の心理と経済活動の関係についてくわしく論じています。その後、20世紀にかけて経済学は理論的で合理的に活動する経済人を前提としたものが主流になっていきました。一方、心理学は1950年代から人の知覚、理解、記憶などの認知機能を研究対象とした認知心理学の研究が進んでいきました。その後、経済学が長年研究してきた理論に認知心理学の成果が加わり、行動経済学という学問が確立していきました。

近年、有名な研究者としては、プリンストン大学の心理学者、行動経済学者のダニエル・カーネマン教授とチャップマン大学の経済学者バーノン・スミス教授がいます。この2人は行動経済学と実験経済学という新研究分野開拓の功績から2002年にノーベル経済学賞を受賞しました。現在の行動経済学における知見は、特にカーネマン教授と共同研究者のスタンフォード大学の故エイモス・トベルスキー教授によるところが大きいでしょう。行動経済学の書籍では、この2人はかならずでてくる著名な研究者です。

そして2013年のノーベル経済学賞は、イエール大学のロバート・シラー教授が資産価値の実証分析に関する功績で受賞しています。シラー教授は行動経済学の研究者としても有名で、早くからアメリカの株式バブルとサブプライム・ローン問題を引き起こした住宅市場に警鐘を鳴らしていた人です。近年、行動経済学は一般の人に広く知られるようになり感心が高まってきました。

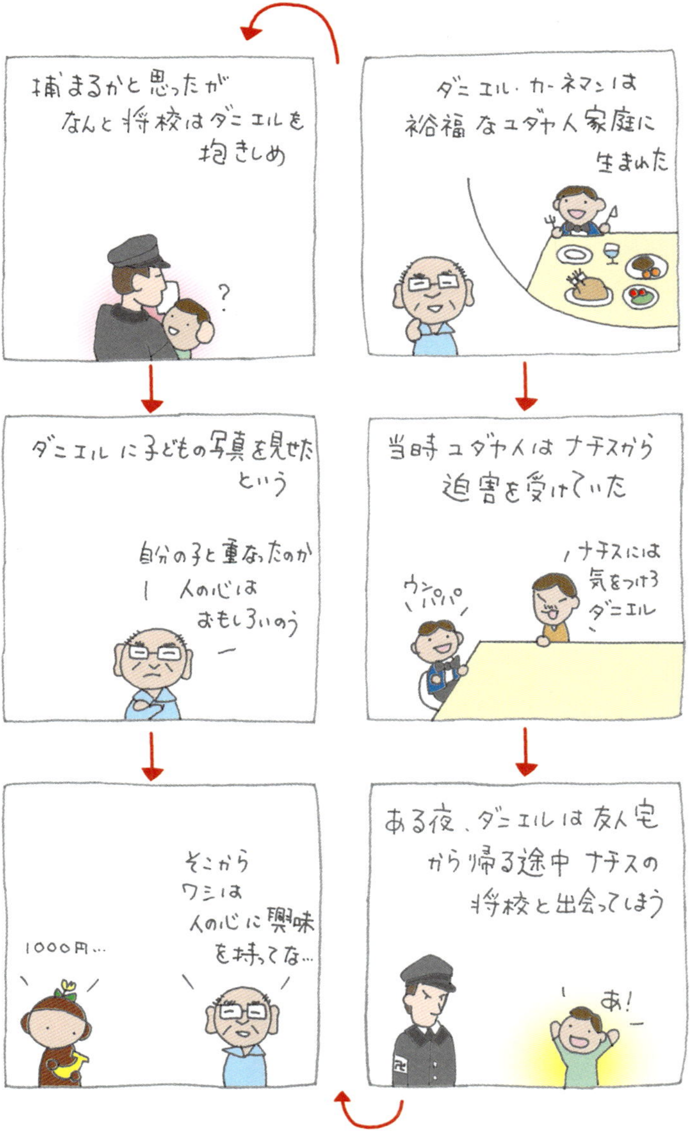
ダニエル・カーネマンは
裕福なユダヤ人家庭に
生まれた
当時ユダヤ人はナチスから
迫害を受けていた
ウンパパ
ナチスには
気をつけろ
ダニエル
ある夜、ダニエルは友人宅
から帰る途中ナチスの
将校と出会ってしまう
あ!
捕まるかと思ったが
なんと将校はダニエルを
抱きしめ
?
ダニエルに子どもの写真を見せた
という
自分の子と重なったのか
人の心は
おもしろいのう
そこから
ワシは
人の心に興味
を持ってな…
1000円…

視覚は間違う
～大きさの恒常性／距離感と大きさ～

なぜ人は理屈にそぐわない不思議な行動を取るのでしょうか？そのヒントは私たちの判断システムに隠されています。よく「自分は見たものしか信じない」というフレーズを聞きます。私たちは見えているものを信じる傾向にあります。当然、正しいように聞こえますが、実は見たものを過剰に信じることこそ危険なのです。なぜなら私たちの脳は性能がよすぎて真実の姿を歪んで見せたり、特定のものを見るために別のものが見えなくなったり、勘違いや見間違いを誘発したりすることがあります。そうなのです、見て感じたものが常に正しいとはかぎらないのです。判断システムに関してはくわしくは第2章で解説しますが、その前に私たちの目がいかに正しくものが見えないか、それを体感していただきたいと思います。

左ページ右側にいる2匹のミホンザルはサイズが大きく異なります。ところが写真の中、奥行きのある場所に配置すると、大きさの違和感がなくなります。これを「大きさの恒常性」といいます。大きさの恒常性は、対象の距離を変えても大きさが同じに感じる現象です。写真の中では前にいる大きなミホンザルも奥のミホンザルもサイズは違うはずなのに私たちは同じ大きさと考えます。私たちの頭の中でサルの大きさはこれくらいという常識や、写真の中に感じる奥行きを考えて「大きさは同一」と結論づけてしまうのです。特に人の身長、車の大きさ、信号機など、対象物の大きさを知っているものに関しては、距離と大きさを自動的に修正して感じ取ってしまうのです。大きさの恒常性は強い効果があるので、見たままの風景を絵に描こうとすると、正しい比率の絵が描けないことがあります。

恒常性にはいくつかの種類があり、私たちの感覚に影響を与えています。形の恒常性は見る角度を変えても形が同じに見える現象です。色の恒常性は照明が異なれば、本来の色も変化して見えるはずなのに同じ色と感じる現象です。この恒常性は人だけでなく、昆虫やサルにも備わっている機能です。

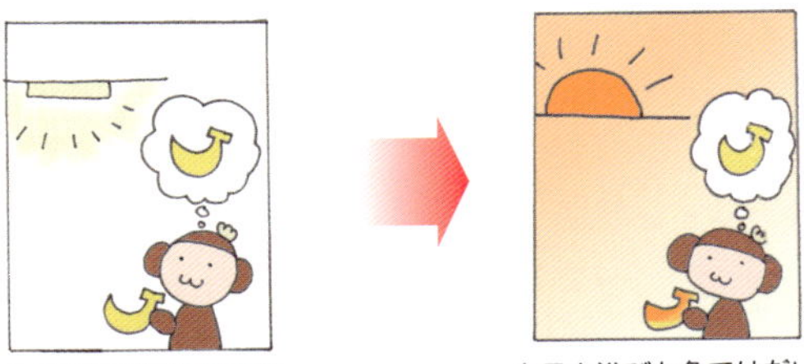

自然光や蛍光灯の下で
見る色と

夕日を浴びた色ではだいぶ
異なるが、色の恒常性で
同じように感じる

直感は間違う
～錯視①／長さが変わって見える・大きさが変わって見える～

続いて視覚から得た直感が間違う現象をもう1つ紹介します。下記にまとめたものは「錯視」と呼ばれる目の錯覚です。錯視はいろいろな理由で起こります。これらの錯視のおもしろいところは「錯覚だ」とわかっても、ふたたび見ても正しい形に修正できないところにあります。何度見ても錯覚が優先されてしまうのです。

■ミュラー・リヤー錯視

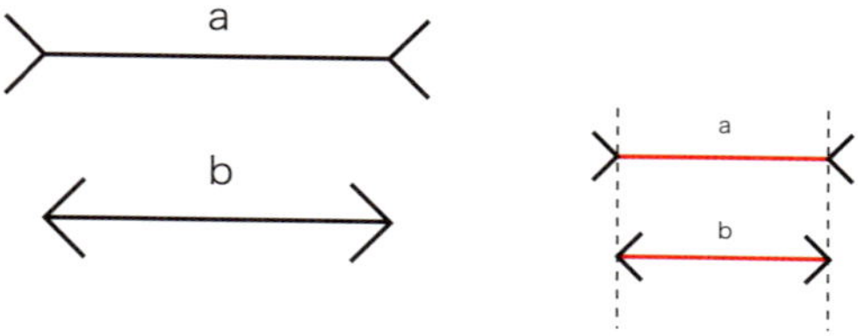

aとbの直線部分は同じ長さなのにaのほうが長く感じます。
同じ長さだと認識したあともaのほうが長く見えてしまいます

なぜ a のほうが長く見えるかは完全に解明されていませんが、三次元上の直線として認識しているために a が長く見えるという説があります。a は引っ込んでいるようにも見えますし、b は手前にでっぱっているようにも見えます。引っ込んでいる部分にもかかわらずでている直線と同じに見えるのだから、a のほうが長いに違いないと脳が感じて錯覚を生みだしているというものです

■ボールドウィン錯視

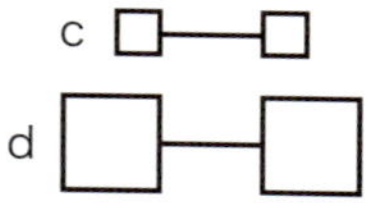

cとdの直線部分は同じ長さなのにcのほうが長く感じます。これは四角がつくりだす奥行きを感じることによる錯視だと考えられています

■エビングハウス錯視

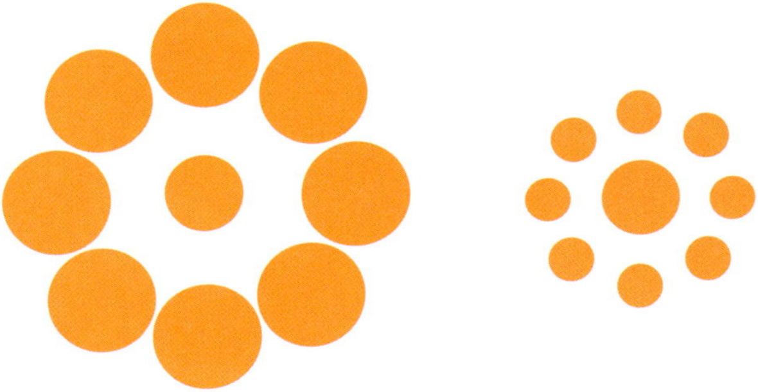

左右の図形の中央にある円は同じ大きさなのに、右側のほうが大きく見えます。これは周囲にある円との対比効果によって違って見えるのです

■フィック錯視

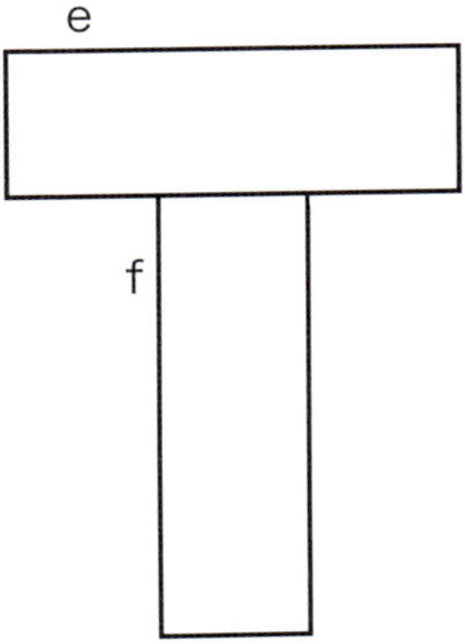

ｅとｆの長方形はまったく同じ大きさなのですが、下にある図形ｆのほうがｅよりも長く大きく感じる錯視です

直感は間違う
～錯視②／明暗の錯視・色が変わって見える～

■ヴァザルリ錯視

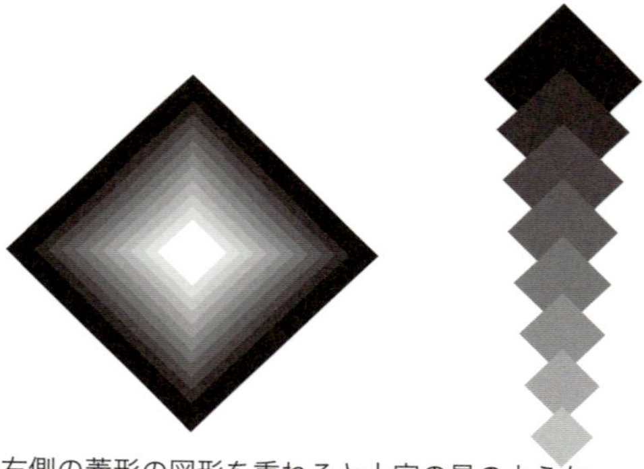

右側の菱形の図形を重ねると十字の星のような
マークが浮かび上がります。これは重ねた密度が
高いとき、濃淡の対比によって見られる明暗の錯視です

■チェッカーブロックの錯視

ブロックのｉはｇと同じ色
なのですが、ｈとの対比と
ｈとｉは影になっているから
暗いという固定概念の影響で、
ｉはｇよりも明るく見えます

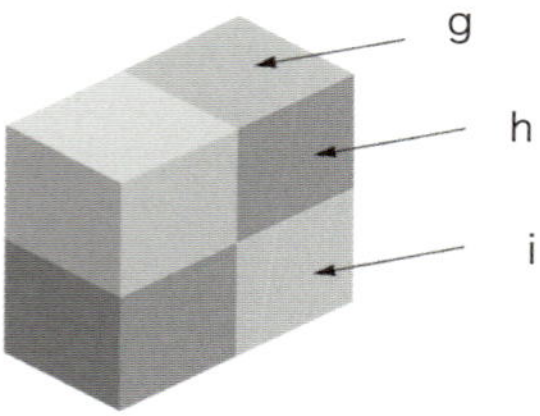

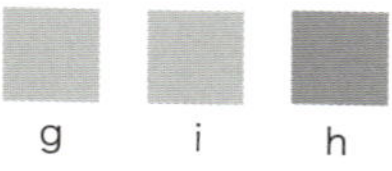

出典：http://persci.mit.edu/gallery/lightness_illusions#

■色の対比

・色相対比

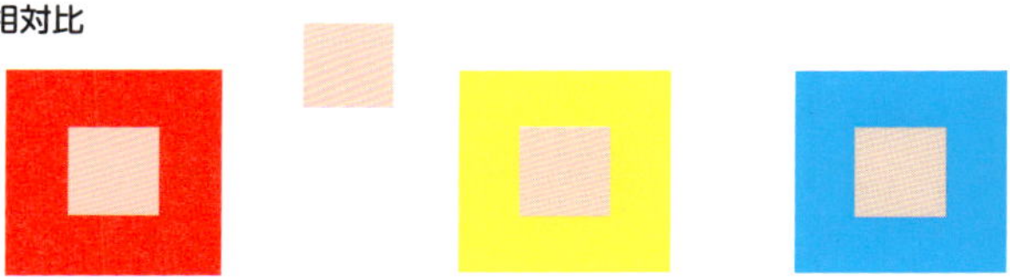

・彩度対比

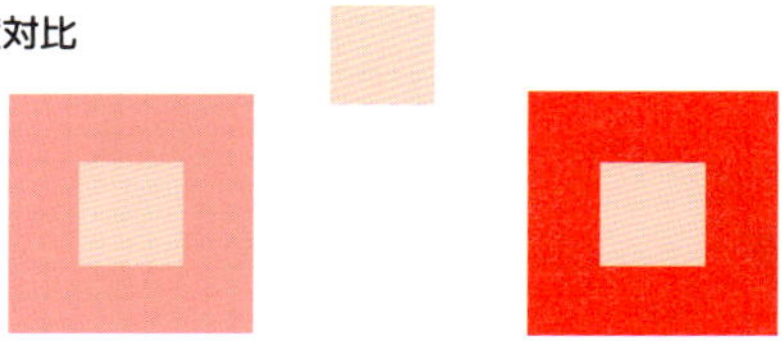

肌色は色や彩度
の影響を受けて
違う色に見えます

■ムンカー錯視

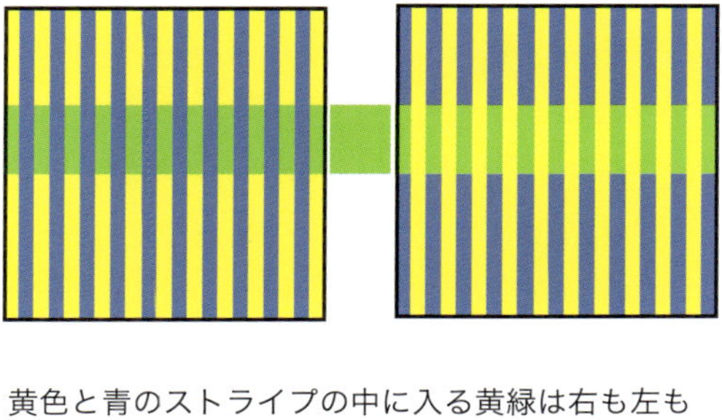

黄色と青のストライプの中に入る黄緑は右も左も
同じ色なのですが、対比する色の影響を強く受け
違った色に見えます。左側は青みがかった黄緑色、
右側は黄色がかった黄緑色に見えます

記憶力もあてにならない
〜意味のないパスワードはすぐに忘れてしまう〜

視覚に続いて記憶の話を少ししたいと思います。記憶の仕組みは完全に解明されていないのですが、記憶は大きく「作業」「短期」「長期」と3段階になっていると考えられています。一瞬とどまる「作業記憶」、一時的に貯蔵される「短期記憶」、長期にわたり記憶としてとどまる「長期記憶」です。私たちの記憶力はとても弱く、情報をどんどん忘れてしまいます。

たとえばインターネットが普及した現在、オンラインショッピングにソーシャルネットワーク、ネットバンクなどを利用する私たちは、複雑なパスワードを記憶しなくてはいけなくなりました。特に最近は不正アクセスが社会問題化しており、複雑な数字やアルファベットの組み合わせを設定するように推奨しています。実は私たちはこうした意味のない数字や文字の組み合わせを記憶するのが非常に苦手なのです。数字だけでも確実なのは4ケタぐらい。人間の短期記憶はせいぜい7ケタの数字（個人差で±2個）を記憶しておくことがせいいっぱいです。

海外のあるテスト結果によると、たった1週間で30％の人が新しく設定したパスワードを忘れてしまい、ほかのテストでも3カ月で65％の人が忘れてしまったといいます。特に現在はセキュリティ上、誕生日の数字を登録しにくく、パスワードのド忘れを助長してしまっています。

ではそんななかで人はどうしているのでしょう？

ふだん利用している4ケタのパスワードをどう記憶しているかいろいろと調査をしてみたところ、おもしろいことが判明しました。セキュリティの都合上あまりくわしく書けませんが、「1213」「2899」

など使う数字を3種類にして覚えやすくしている人が多いのです。数字を重ねることで、意味のない数字にリズムを生じさせ覚えやすくしているようです。人は意味のない数字を記憶するのを不得意にしています。リズムや語呂合わせをすることによって忘れにくくなるのです。もっと端的に覚えやすく「8989」「5588」など数字を2種類にしている人もいます。そうしないと私たちはパスワードを忘れてしまうのです。

私たちはたいして賢くない
～勘違いが生むヒューマンエラー～

私たちは残念ながらいろいろなものを間違えます。自分が思っているほど人は賢い存在ではないのです。ところがやっかいなことに多くの人は「自分は間違わない」「自分は賢い」と思っているのです。多くの人は、「優越の錯覚」をしていることがあります。ある海外の調査では6割を超す人が「自分は賢い」と自己評価しているといいます。こうした思い込みが誤った行動を生むこともあります。私たちはときに信じられないミスをすることがあるのです。

2011年、那覇発羽田行き全日空機で、男性副操縦士がスイッチを誤操作し、機体が背面飛行に近い状態になって急降下したトラブルが発生しました。運輸安全委員会は副操縦士が以前乗っていた旧式機の記憶から、ドア解錠スイッチと操舵スイッチを勘違いしたとする調査報告をしました。信じられないニュースでしたが、実際にそうしたミスは起こります。飛行機事故の7割は人為的なミスが原因といわれています。

2005年、新規上場されたジェイコムの株式において、みずほ証券の男性担当者が「61万円1株売り」とすべき注文を「1円61万株売り」と誤って入力してしまう誤発注事件も人の勘違いによって引き起こされました。コンピューターには異常であるとする警告が表示されましたが、担当者はこれを無視して注文を執行してしまったといいます。わずか10分間に300億円の損失がでてしまいました。

これらのミスは特別な人が起こした特別なミスではありません。

誰でもが当事者になりえます。社会活動におけるトラブルの多くは人為的なものであることが多いのです。

私たちがものを判断するときには体系的な偏りが生じることがあります。これを経済行動学では「バイアス（偏り）」と呼んでいます。損をしたくないという無意識の反応や、女性の顔があるとついローンを申し込みたくなったり、価格の見せ方で高く感じたり、安く感じたり、限定商品だと聞かされるとついついほしくなってしまうのです。

もちろん個人差がありますが、この「バイアス」には一定の傾向があります。認知や思考から傾向を学び、経済活動に役立てることが可能です。人の不思議な経済心理、バイアスについては第1章で、経済活動の判断を阻害する判断システムは第2章でくわしく紹介していきます。

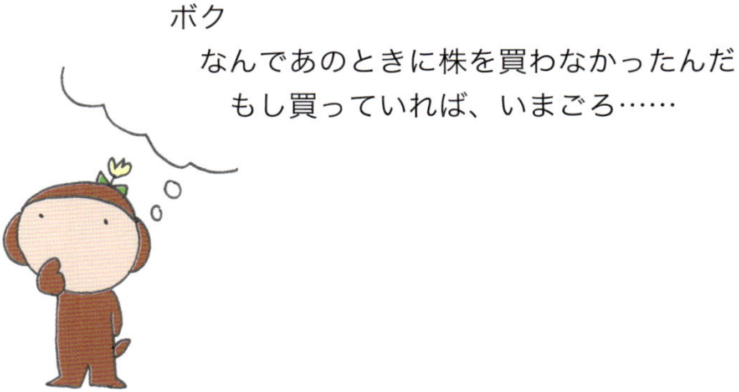
ボク
なんであのときに株を買わなかったんだ
もし買っていれば、いまごろ……

序章のまとめ

・いつも同じ店で食事をするのは「失敗したくない」という「損失回避」の気持ちが大きいため

・標準的な経済学では１万円の価値は状況によって変わらないとするが、行動経済学では状況の違いによって１万円の価値は上がったり下がったりすると考える

・ローンの案内書に女性の写真が載っていると、不安が軽減され利率を5%下げた効果と同じものが得られる

・行動経済学は経済活動に関するリアルな人間の認知傾向や行動特徴を明らかにすることに重点を置いている

・現在の行動経済学におけるいろいろな情報や効果の発見は、プリンストン大学のダニエル・カーネマン教授とスタンフォード大学の故エイモス・トベルスキー教授の功績がきわめて大きい

第 1 章

不思議な経済心理

価格の表示方法によってものを安く感じたり、高いものをおいしく感じたり、貯金をしなくてはいけないとはわかっているのにできなかったり、人は自分でもよくわからない行動をするときがあります。そんな不思議な行動傾向を解説し、経済活動を翻弄する不思議な心理やバイアス（偏り）を紹介します。

一度手にすると商品の価値が上がる

～保有効果①／自分のもっているものを過大評価する～

人は理論ではなかなか説明できない不思議な経済行動をとることがあります。その1つに「自分がもっているものは価値がある」と思うという傾向です。アメリカの大学でこんな実験が行われました。学生を2つのグループに分け、片方のグループに大学のロゴ入りカップをプレゼントしました。そこでカップを手に入れた人は何ドルならそのカップを手放してもいいか？ もっていない人はいくらならカップを手に入れたいと考えるか？ という質問をしたのです。するとカップ所持者は平均5.25ドル以下では売ろうとせず、もたない人たちは平均2.75ドル以上では買おうとしなかったのです。標準的な経済学では「売りたい額」と「払いたい額」に差はないと考えますが、実際には2倍近くの差がでました。これが実際の経済活動のおもしろいところです。学生にとってロゴが入ったマグカップなどたいした価値と思わないでしょう。それも大学からプレゼントされた雑貨です。しかし、一度手にすると所有したものの価値が上がり、簡単に人には譲れなくなってしまうのです。これを「保有効果」といいます。

行動経済学の第一人者であるデューク大学のダン・アリエリー教授はさらに突っ込んでおもしろい調査をしました。バスケットボール全米選手権のチケットはプレミアムチケットで、抽選によりひと握りの人しか手に入らないといいます。アリエリー教授はこのチケットを手に入れた学生はどれほど高くチケットの価値を見積もるのか？ という調査をするため、手に入れた学生に「最低いくらならチケットを譲ってもいいか？」、手に入らなかった学生に「いくらなら買ってもいいか？」と100人以上に電話をかけて聞きました。するとチケットが外れた学生は1枚約170ドルを払ってもいいという意志を見せたそうです。その金額の根拠は、スポーツバーに行って飲食をする価格と比較して調整、算出したものでした。一方、チケットをもつ学生は1枚に約2400ドルを要求してきたといいます。その根拠は、この試合は生涯忘れられない思い出になるだろうと高額に設定してきたようです。実にその差は14倍にもなりました。バスケットボールの試合のチケットのようなものは特に一度保有したものに強い価値を見いだしてしまい、価値が急上昇してしまいます。そしてチケットを売るということはとてつもない悲しみに思えてしまい、自分への慰謝料として法外な値段設定をしてしまうようです。

宝くじを他人に譲るとしたらいくらで売りたい？
～保有効果②／宝くじの保有効果～

保有すると価値があると思う効果はわかるけど、バスケットボールのチケットは嗜好が強く影響していて、考える価値には大きな差があるんじゃないの？　そう思う読者もいるかもしれません。そこで、もっと直接的にお金にかかわるものだったら、どの程度差がでるか実験をしてみることにしました。

「300円のジャンボ宝くじを1枚だけ買い、抽選日まで待っていようと思いましたが、販売終了後に他人がそれを譲ってほしいといいました。人間関係などを考えずに、単純にいくらだったら売ってもいいですか？」

この質問を659人（男性465人、女性194人／20代～70代）にして回答してもらいました。結果、手放す金額の平均は1,180円。価格の内訳としては、期待する当選金額が500～1000円（購入価格を含む）、それに譲ったくじが当たったときの気持ちを納得させる金額が少し加算されるようです（チケットと同じ慰謝料的発想です）。300円で購入したものですから、実際の価格と手放してもいい価格の間には3.9倍の開きがあります。そしてこの調査で1つおもしろいことがわかりました。女性の平均は830円、男性の平均は1,326円と、男女に大きな差が見られたのです。この結果だけでは結論づけられませんが、保有効果には男女差があり、男性のほうが強い保有効果をもっていそうなのです。

ジャンボ宝くじは経費や税金を引かれ、1枚あたりの当選期待値は約145円しかありません。しかし宝くじは大きな金額を得る夢を見て買う人がほとんどです。実際の価値と保有価値との間には大きな差があることがわかります。

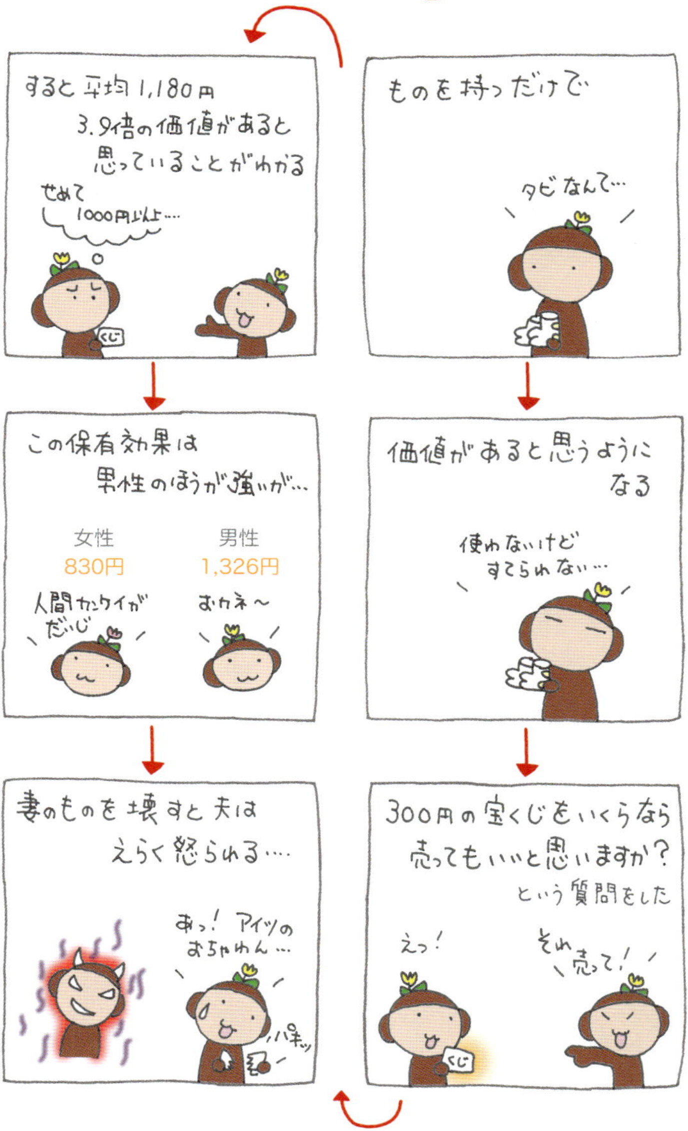
ものを持つだけで
タビなんて…
価値があると思うように
なる
使わないけど
すてられない…
300円の宝くじをいくらなら
売ってもいいと思いますか？
という質問をした
えっ！
それ売って！
すると平均1,180円
3.9倍の価値があると
思っていることがわかる
せめて
1000円以上….
くじ
この保有効果は
男性のほうが強いが…
女性
830円
男性
1,326円
人間カンケイが
だいじ
おカネ～
妻のものを壊すと夫は
えらく怒られる….
あっ！アイツの
おちゃわん…
パキッ

1,980円に感じる魅力
～端数価格／値引きされていると感じる表示～

スーパーや量販店では「1,980円」「19,800円」などの表記をよく見かけます。これは「端数価格」と呼ばれ、消費者の購買意欲を高める心理効果があると知られています。「1,980円」の場合、2,000円よりも20円しか安くないのに、たった1％の割引率なのに、1,000円台であると思い、「安い」と感じてしまうのです。さらに定価表示ではないので「なにかしらの値引きが存在しているのではないか」と、希望的観測をもってしまいがちです。

この表示方法は日本だけでなく世界中で使われています。有名なのはアメリカの量販店ですが、ヨーロッパ諸国の市場でも見られます。ただし日本と表示方法に違いがあり、そこに国民性を感じてしまいます。海外では「1.99」などのギリギリの表記がよく使われていますが、日本は最後の単位を「8」「80」にすることが多いのです。日本人は音に敏感な民族であり、「イチキュッパ」などの「パ」いうと音がリズム的に心地よく聞こえ、いいやすいことがあるのでしょう。また「9」はギリギリでいかにもイヤらしいと思われるかもしれないので、「8」を使うというのも日本人らしい感覚です。さらに「8」は漢字で表すと「八」と末広がりになるので縁起がいいと、昔から好まれて使われてきた数字であり、それが慣習になっていることも影響しているでしょう。

瞬時に「安い」と直感に訴えるほうが効果的ですから「1988円」や「1998円」のように、見なくてはいけない数字を増やすのではなく、「1980円」とスッキリ見せるほうがよりいいのです。

スーパーの198円
2コ 198円
198円
量販店の19,800円などの
端数価格は
こちら
19,800円
おー
¥19,800
安く感じる心理が働く
200円
198円
来年度の政府予算案は
98兆9800億で
なんか
値ごろ感が
あるよね
ウン
可決しました
ペコッ
パチ
パチ
パチ
パチ

値段が赤いとついつい買ってしまう
～赤文字効果／値札に適した色彩～

スーパーでよく見る値札には赤文字で金額が書かれています。なぜ赤で書かれているのでしょうか？「それは赤が遠くからでも目立つから」と思われるかもしれません。確かにそのとおりで赤は遠くからでも目立つ色です。赤は誘目性が強い色で、ほかの色があふれる売り場においても多くの人の目に飛び込んできます。しかし、それだけではありません。さらに赤文字で書かれた値札は商売における「赤字」を連想させ、「買ったら得である」という気持ちを無意識に連想させてしまいます。加えて赤には感情的な興奮を促し、行動を促進させる心理効果があり、「どうしよう、買おうかしら」と迷っている人の行動を後押ししてしまう色でもあるのです。まさにさまざまな理由から赤は値札に最適な色です。

実はこの赤に対する反応には男女差があるのです。女性は色に反応しやすいのですが、そのなかでも特に赤に反応しやすいのです。その理由は複数ありますが、主要な説が2つあります。1つは人類が霊長類から進化する過程で男性は狩猟、女性は果実などを採集する生活に適応し、果実が熟していることを示す赤みに敏感になったという説です。そのため女性は先天的に赤に反応するといいます。もう1つは後天的なものとして、女性は小さいころから赤やピンクのものを与えられて育ちます。常に身近にある色なので、その色に対して色を見きわめる能力が発達し、赤に敏感になっているという説です。私は実験や調査の検証から、個人差はあるものの、その両方がブレンドされていると推測しています。スーパーを利用する人は女性が多いことからも、赤文字での価格表示はとても効果があるのです。

値札が赤いと
PRICE
198円
¥500
広告の品
¥398
目立つだけでなく
¥500
あ！
安いのではと思ってしまう
これは
安い…よネ
¥3,980
特に女性は赤に反応しやすいので スーパーでは効果的である
よし！
店長
値札を
赤字にして
はーい
大赤字セール
そういう
意味じゃなくて！
1円
1円
1円
1円
1円

人は「竹」が好き
～価格の比較／人は真ん中を選ぶ～

人は「竹」が好きです。といってもパンダみたいに食べるわけではありません。寿司屋、うなぎ屋などのメニューにある「松・竹・梅」の「竹」のことです。メニューに価格差がある場合、その選択基準は「その日の気分」「懐ぐあいに応じて」と思っている方が多いと思います。確かに臨時収入による変化や「もっとも高いもの」「安いもの」を頼むというポリシーをもっている方もいるでしょう。ところが人にはそれを超える強い選択傾向があるのです。それは3つの選択肢では「真ん中のものを選ぶ」という傾向です。

これは序章で紹介した損失回避、「損をしたくない」気持ちが根底にあり、比較して真ん中の商品がもっとも費用対効果がいいと思い込んでいることがあります。いちばん下のものを頼むと失敗するかもしれない。もっとも高いものを頼むと価格に見合わないものがでてくるかもしれない。そこで冒険しないで「無難な選択」を無意識に選んでしまいたくなるのです。

実際にコース料理を提供している首都圏と大阪の飲食店（約100店舗）でいちばん売れている宴会コースを調査しました。すると2種類のコースしかない店のコースは低価格、高価格どちらもまんべんなく選ばれているにもかかわらず、3種類になると突然、真ん中の価格コースが選ばれるのです。その比率はなんと85.7%。団体の宴会コースは個人の選択よりも気を使い、より無難な真ん中に集中するそうです。この選択、おもしろいことに「2000円、2500円、3000円」とわりと低価格な店舗でも、「6000円、7000円、8000円」と高価格な店舗でも差はなく真ん中のコースが選ばれていました。地域による大きな差もなく全国共通の感覚なのです。

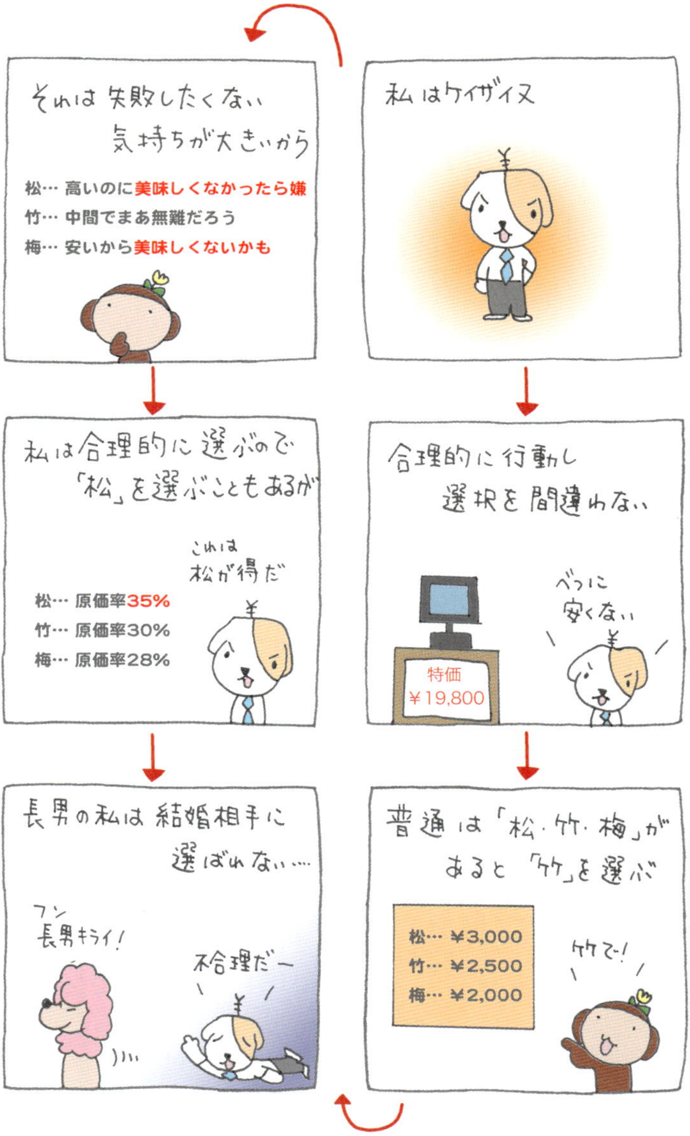
私はケイザイヌ
合理的に行動し
選択を間違わない
特価
¥19,800
べつに
安くない
普通は「松・竹・梅」が
あると「タケ」を選ぶ
松… ¥3,000
竹… ¥2,500
梅… ¥2,000
タケで!
それは失敗したくない
気持ちが大きいから
松… 高いのに美味しくなかったら嫌
竹… 中間でまあ無難だろう
梅… 安いから美味しくないかも
私は合理的に選ぶので
「松」を選ぶこともあるが
これは
松が得だ
松… 原価率35%
竹… 原価率30%
梅… 原価率28%
長男の私は結婚相手に
選ばれない….
フン
長男キライ!
不合理だー

通販は○色展開で売れ！
～相手に選択させて購入につなげる～

キー局であるコンテンツ企画の仕事をしていたとき、テレビショッピングの担当者から、商品の色とデザインについておもしろい話を聞きました。それは「商品を5色展開にすると売れる」というのです。財布や雑貨は「赤」「青」「黄色」のようなはっきりした色の違いがあるのですが、バッグになると「黒」「ダークブラウン」「ブラウン」や「ベージュ」「キャメル」「オリーブ」など似ている色も多くあります。色数を減らしたほうが大量生産できコスト安で提供できるはずですが、似た色でも多色展開をしたほうが売れるといいます。好みが割れてしまって売れ残りもでるのではと心配してしまうところですが、実はこれにも理由があるのです。

この5色展開、実は全部売れなくてもいいのです。5色という選択肢がとても大事で、色を選ぶ作業を視聴者にさせているのです。買う気がなくてもなんとなく見ていると、「この色だったら、こっちの色がいいわね」と思ってきます。すると商品が本当にほしくなってくるのです。最初は「もし私だったら……」という仮定の話が次第に、「私はこれが」と参加してくるというワケです。多様な好みを意識して全部バラバラの色にすることもあれば、特定の色を売るために、わざと似た色をつくり比較してもらうことを意識することもあります。

2、3色だと視聴者にほしい色がないことがあり、7、8色もあると多すぎて選べなくなってしまう傾向があります。じっくり選べる通販なら少し多めの色数でもいいですが、瞬時に目に飛び込むテレビショッピングでは5色前後がいいといえるでしょう。

TVショッピングの商品は
なんとこの商品
TV-通販
5色あるとよく売れる
5色用意しました
「もし、私だったら….」は
そうネ～ ピンクかしら….
「私はこれがほしい」に変わる….
このピンクほしい―
そうです ピンクのヤツを1台
オマエ….見るたびに買うなよ….
ワーイ

なぜマッサージ屋は時間制なのか？
～適正価格の概念／人は技術にお金を払いたくない～

適正な価格というものを理解するのは難しい話です。企業の担当者が「うちの会社（決定権者）はデザインに対して理解が低く、デザインにお金をだすのをしぶる」という話を聞きます。これはめずらしいケースではありません。製品などは原材料費があり、工場があり、多くの人がかかわっていて「お金が使われた感」がわかりやすいためにお金をだしやすいのですが、デザインのような技術的なものに対しては、お金が使われた感がわかりにくく、安易に量産できると錯覚し、お金を払いたくない気持ちをもってしまいがちです。

同じように人はマッサージのような技術にもお金を払いたがりません。たとえば上級技術者が5分で的確にあなたの疲れを落としてくれたとします。一方、初心者が不器用にでも懸命に30分かけて疲れをもみほぐしてくれたとします。そうした場合、初心者のほうに満足感をもつ人が多いのです。人は技術ではなく努力に満足感を得る傾向があります。ここにマッサージ屋が時間制になっている理由があります。本来ならば症状に応じて施術内容も時間も違ってしかるべきなのです。

ほかにも新人のカギ屋が時間をかけて解錠したほうが、ベテランのカギ屋が短時間で開けてしまった場合よりも満足感をもちやすく、お客様から感謝されるといいます。本来ならば待たされずに早く開いたほうがメリットになるにもかかわらず、これだけ努力してもらって申し訳ないという気持ちが優先されてしまうのです。高度な技術にお金を払いたくない気持ちは、技術者に対してもつ嫉妬心が心の奥底に隠されている場合もあります。

人は努力にお金を
払えるが
この
カギでは…
えーと
これが
ゆるいなー
技術にはお金を
払いたくない
すぐ開きました
、5000円です！
んー
ツボを押さえた短い
マッサージより
もう大丈夫だ
ハァ
ハァ
ピッ
全力でやってくれる
マッサージのほうがヘタでも
エイ
エイ
んー
満足に感じることが多い
？
コッチ
本当のプロはわざと手を抜く
モグ
モグ
zzz…
モミ

高いものがうまく感じる理由
〜ハロー効果／外見や雰囲気によって判断が影響を受ける〜

ある人が高学歴であったり、外国語が堪能だったりするとその人は能力が高く優秀で、さらには人格的にもすぐれているのではないかという思い込みをもってしまうことがあります。同様に有名タレントを起用した企業は、そのタレントのイメージのおかげで好感度が上がることもあります。性格と学歴や、CMタレントのイメージと企業の性質はまったく関係はないのに、人はそれらを関連づけて理解し影響を受けてしまいます。これを「ハロー効果（光背効果）」と呼んでいます。ハローとは後光のことで、その後光の影響で本来の姿が違って見えてしまうということです。

このハロー効果は経済活動のなかでも見ることができます。たとえばレストラン、お店オススメの高額料理を注文すると、ふだんよりもおいしく感じてしまうことがあります。これは値段が料理の後光となって輝き、「これだけ高い料理だから、おいしいに決まっている」と間違ったフィルターをかけてしまうのです。人は「値段に見合った味ではない」と反発しないで「おいしいのだろうな」と受け入れてしまう傾向があります。特にレストランは危険です。照明、雰囲気、客層、ウェイターがつくる雰囲気にのまれてしまい、好評価をしてしまいがちです。

化粧品も似た効果があり、「高いものはいいに決まっている」と費用対効果を吟味するのではなく「高い」＝「いいもの」と考えてしまいがちです。そのため製品のなかには、原価から経費や利益を上乗せして定価が決まるのではなく、販売価格がまず設定され、そこから原価が選ばれることもあります。

高いものはうまい
うまい….
それはよい材料に加え
A5です
高いからうまいはずと
思い込むから
高い
→うまい
はず
高いものは
うまーい
アチー
アイツは
アホ?
サルだからネ

貯金できる人、できない人
～現在バイアス／未来よりいまの価値を選ぶ～

特に浪費家という認識はないのに、ついお金を使ってしまい貯金ができない、そんな人が増えています。2人以上の世帯における貯金ゼロ家庭は最近増えており、2013年では31%にもなっています。当然、貯蓄率も下がっており、内閣府発表の貯蓄率も近年、急激に低迷しています。「それは不景気で収入が減っているから」という人もいます。もちろん所得の減少の影響は大きいでしょう。しかし低収入でも貯金できている人もいれば、高収入でも貯金できない人がいます。貯金できない人の傾向として、生活して残ったお金を貯めようとしていることです。人はつい残ったお金を見ると使いたくなってしまいます。このやり方では貯金するのは難しいはずです。人にはいろいろなタイプの人がいますが「現在バイアス」の強い人はなかなか貯金ができません。現在バイアスとは将来に得られる利益や目標達成よりも目先の利益を優先する傾向が強い偏りのことをいいます。

みなさんの現在バイアスを計るために1つ質問をします。「今日なら1万円もらえますが、あと1年待ったら余計にお金が追加されるとします。あといくらもらえたら1年待てますか？」

5万円と考えた人は、1年後にもらえる1万円は今日の1,666円の価値しかありません。3万円と考えた人は2,500円、1.5万円と考えた人は4,000円の価値があります。今日もらえる金額が少ない人は、いまの価値に重点を置いていて将来の1万円を安く感じてしまいます。つまり貯蓄で得られる未来の価値を安く思うので、貯金ができないタイプの人といえます。

おい サル!
ハ、ハイ!
1万円をやろう!
ラッキー
まて、あと1年待ったら
もっとやろう
いくら ほしい?
んー
えーと
5万円ぐらいかな?
オマエの1年後にもらえる
今日の1万円の価値は…
1万円
1+ 5万円/1万円
=1666円
これぐらいの価値しかない
と感じている
オマエ
貯金できない
ヤツだ
ギクッ!

節約の天敵、それは○○
～現状維持バイアス／変化することに不安をもつ気持ち～

携帯電話会社やプロバイダーは、続々とお得な新プランをだしてきます。競争が激化するなかで顧客の囲い込みが盛んに行われています。すると既存のプランとの差がどんどん開いてしまいます。合理的に考えるなら少しでも安いプランにしたほうが得なはずですから、どんどん新しいプランに変更するべきです。ところが多くの人は積極的に新しい携帯電話会社やプロバイダーに変えようとしません。これはどうしてでしょう？

それは人には「現状維持バイアス」が働いているからです。現状維持バイアスとは現在の環境を変えると得をすることがわかっていても、変化することに不安や違和感をもち、現状維持をそのまま選んでしまうというバイアスです。そこで「手続きなどがめんどうだから」と理由をあとからつけ足し、自分を納得させることもあります。この現状維持バイアスは節約の天敵です。「安いものに変える」「いらないものは解約する」節約しなくてはいけないとなんとなく思っていても現状維持バイアスの強い人はなかなか変更することができないのです。こうしたバイアスの存在を知って、変える勇気をもつことが節約には大事です。

「ジンクス」も近い効果のバイアスといえるでしょう。ジンクスとは勝負に勝つためなどに行う行動などの縁起担ぎのことをいいます。右足から靴を履く、スタジアムに入るときは左足からなど、アスリートが勝ちパターンとして毎回繰り返しています。勝つためというより、変えて失敗することに不安があり、途中でやめることができなくなってしまうのです。

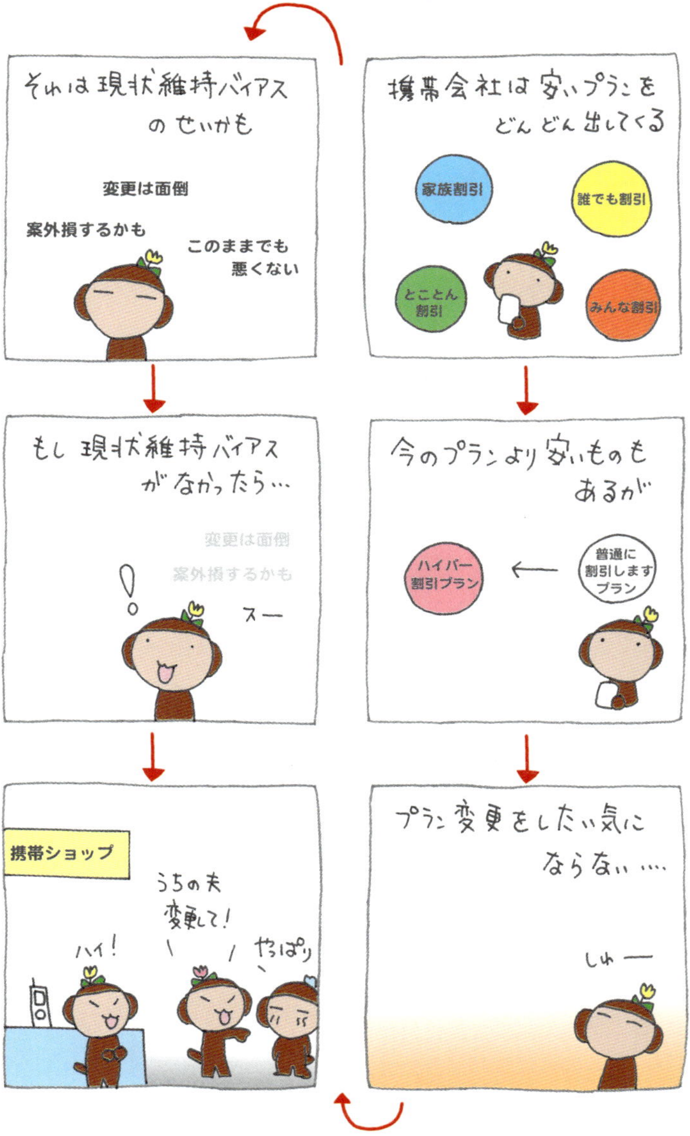
携帯会社は安いプランを
どんどん出してくる
家族割引
誰でも割引
とことん割引
みんな割引
今のプランより安いものも
あるが
ハイパー割引プラン
普通に割引しますプラン
プラン変更をしたい気に
ならない….
しゅー
それは現状維持バイアス
のせいかも
変更は面倒
案外損するかも
このままでも悪くない
もし現状維持バイアス
がなかったら…
変更は面倒
案外損するかも
スー
携帯ショップ
ハイ！
うちの夫
変更して！
やっぱり

お金で規範は解決できるのか?
〜市場規範と社会規範／2つの規範がつくるジレンマ〜

デューク大学のアリエリー教授によると、私たちが暮らしている世界には、2つの規範が存在しているといいます。1つは人と人との関係にかかわる行為を規律する社会的な規範、もう1つは給料や買い物など市場取引の行為を規律する市場的な規範です。ところが、この2つの規範は同時に共存できないといいます。たとえば電車の中で年配の方に席を譲ったとします。お礼をいわれ、人はそこで満足感を得ます(社会規範)。ところが譲った人がお礼に500円をくれる(市場規範)とどう思うでしょう？　親切でやったのに……とあまりよい気分にならないと思います。特にお礼が小額な場合、2つの規範はぶつかることがよくあります。

カリフォルニア大学のニージー教授とミネソタ大学のルスティキーニ教授は、イスラエルの託児所で社会規範と市場規範の両立についておもしろい調査をしました。その託児所では子どもの迎えに遅れてくる親は後ろめたい気持ちになり、その罪悪感からなんとか迎えの時間に間に合うように努力していました。ある日、託児所は遅刻のペナルティとして罰金を取ることにしました。すると親たちの遅刻は増えるようになってしまったのです。親たちは迎えの状況を社会規範から市場規範としてとらえるようになってしまい、お金を支払うことで罪悪感をもたないようになってきたのです。その後、託児所は罰金制度を止めました。親の遅刻ももとに戻るかと思われましたが、親たちは変わらず遅刻を続けたといいます。社会規範と市場規範が重なると、社会規範は負けてどこかに消えてしまい、もとに戻らなくなってしまうのです。

これは仕事のモチベーションにも通じる内容です。アメリカで教師たちに「生徒の成績が上がったら報酬をだす」という政策が実施されたとき、もともと教育のことをしっかり考えていた教師たちをがっかりさせ、教師の質が下がったことがあります。社会的なモチベーションで動いていた人に、あとからお金の話が加わると最初のモチベーションが消えてしまうこともあるのです。

日本の企業でも成功報酬としてインセンティブを用意している場合があります。ところが思ったほどインセンティブ効果がでないのは、そこに社会規範と市場規範が混在している可能性があるのです。特に日本人は社会規範の強い民族です。少ない報酬は励みになるどころか、社員のモチベーションを下げている可能性があります。多くの人は「ほめられたい」「才能があるといわれたい」「大事にされたい」と思って行動しています。企業はそうした社会的な従業員の気持ちに目を向けることも大事でしょう。ある企業では飲食物の引換券つき年賀状（500円相当）を全従業員に送っています。従業員は少しだけ会社から大事にされている感覚になるそうです。こうした行為は500円のお金を支給するよりもはるかに士気や忠誠心向上に効果があります。たんにお金で解決しようとすると、割り切った社員たちは給料分しか働かなくなり、二度とそこに社会的なよろこびを求めなくなってしまうことに注意を向けなくてはなりません。

人を動かす効果的な方法とは?
～代替報酬／人を動かすには報酬が必要～

ある大手のスポーツジムを運営している会社からこんな話をされたことがあります。「インストラクターなどを除いて、社員全体的に運動不足なのですが、効果的に運動をさせる方法はないでしょうか？」というのです。確かにスポーツジム運営会社の社員が不健康に見えるのは問題です。とりあえず社員全員に万歩計を渡し、ウォーキングを推奨しているらしいのですが、会社から「歩け」といわれても、社員がすなおに歩くとは思えません。

ウォーキングをすることで得られる利益、たとえば「健康」よりも「時間の消費」「支度のめんどくささ」「歩く苦痛」のほうが勝っていると感じ、体にいいとはわかっているけどなかなかできないのではと考えられます。人は短期的に効果を求める傾向がありますから、効果までに時間がかかる「健康」で人を動かすのは難しいといえます。

そんな人を動かすには「代替報酬」が効果的です。しないことを超えた魅力、利益を感じてもらえればウォーキングをしてくれるようになるでしょう。フォルクスワーゲン社では、つまらないことを楽しくすることで人々の行動を変えるという、「ファンセオリー」というプロジェクトを実施しています。たとえば、ゴミを入れるとおもしろい落下音がするゴミ箱を公園に設置したところ、ゴミを捨てる人が増えて、2倍のゴミが集まったといいます。スウェーデンのある駅では階段をピアノの鍵盤のようなデザインにしたところ、エスカレータではなく階段を使う人が66％も増えたといいます。

スポーツジム運営会社が社員に万歩計を配ったのもいいアイデアなのですが、それだけでは動機づけが少し弱いと考えられます。歩数をためることに夢中になり、歩くよろこびを知る仕掛けが必要でしょう。そこで社員たちの知的好奇心を刺激しながら、ウォーキングの楽しさを伝えるコンテンツを社員閲覧サイトに連載することにしました。万歩計を活用したくなる仕掛けをつけ加えて、歩いてみたいと思わせるように心がけたのです。すると数カ月経ったころから、万歩計をもってでかける社員が増えたそうです。これが代替報酬の考え方です。

逆にやってはいけないのが処罰でコントロールしようとすることです。会社からの評価が下がると思えば、最初はみんながんばりますが、やることに価値を見いだせない以上、いつか手を抜き始めてしまいます。

お札はできるだけくずしたくない
～浪費に対する防衛反応～

財布の中に1万円札しかないのに急にのどが渇きました。あなたはなんのためらいもなく、コンビニで飲み物を買ってお金をくずすことができますか？　そんなとき人はお札をくずしたくない衝動にかられます。標準的な経済学では1万円札1枚と9,840円＋160円の飲み物の価値は同じはずです。しかし現実は少し違います。9,840円＋160円の飲み物の価値は1万円札1枚に遠くおよびません。千円札をくずすことに抵抗がある人は少ないですが、1万円となるとくずしたくない気持ちがとても強くなるようです。

お札をくずすのがどの程度イヤかを確かめるこんな実験があります。スポーツジムでランニングをした男女が、1万円札をくずして150円のドリンクを買えるかというものです。財布には1万円札しか入っていない状態です。参加した男性4人は、わりと簡単に休憩時間に1万円札をくずして飲み物を買いました。ところが参加した女性4人は全員1万円札をくずさなかったのです。のどが渇いてなかったわけではありません。女性のなかには財布をだしドリンクを見つめて悩み、最終的にがまんした人もいます。実験からもわかるように、1万円札をくずしたくないという気持ちは男性よりも女性に強くある心理です。くずしてしまうと、節約心のブレーキが弱まり、お金を使いやすくなってしまいます。その結果、お金がなくなりやすいのです。「損をしたくない」という損失回避性は男性より女性に強く備わっています。女性の1万円札をくずしたくない気持ちはよくわかります。また1万円札が財布に入っていると安心感があります。千円札10枚よりも1万円札が入っているほうが安心するのです。その安心を手放したくないのです。

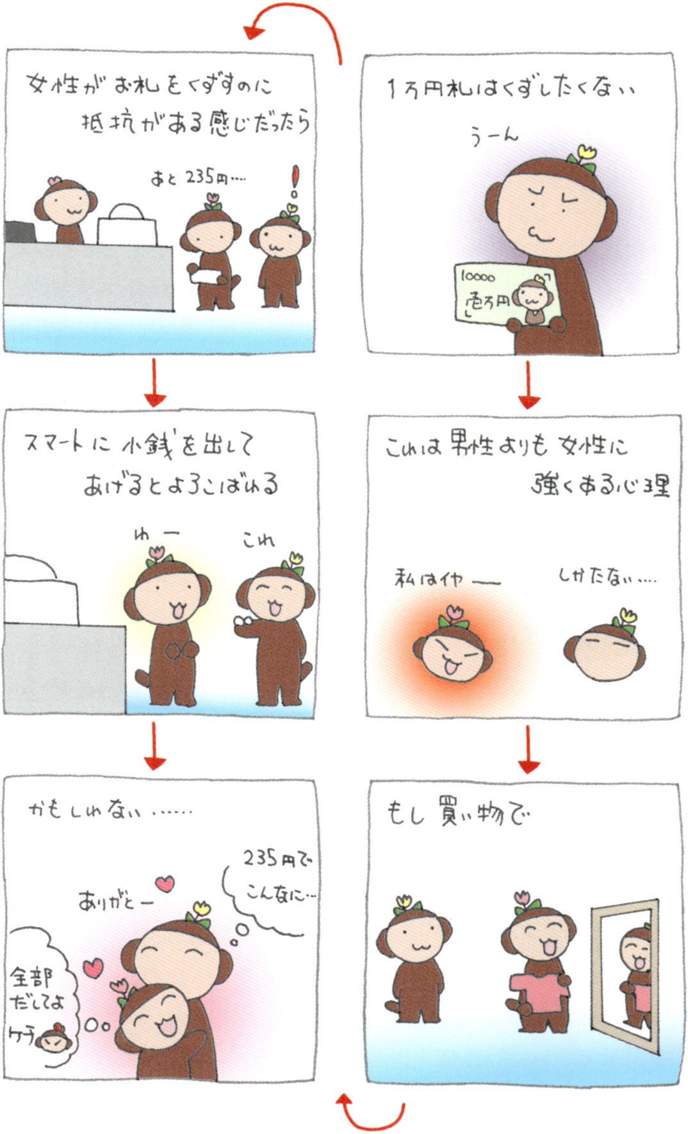
1万円札はくずしたくない
うーん
10000
壱万円
これは男性よりも女性に強くある心理
私はイヤー
しかたない….
もし買い物で
女性がお札をくずすのに抵抗がある感じだったら
あと235円….
!
スマートに小銭を出してあげるとよろこばれる
わー
これ
かもしれない……
235円でこんなに…
ありがとー
全部だしてよ
ケチ

なぜデアゴスティーニはあんなにほしくなるのか？
～行動経済学を活用したビジネスモデル①～

デアゴスティーニ社の新シリーズ創刊号のCMを見るたびに、「ほしい～」と思う人は多いでしょう。この雑誌はパートワークと呼ばれる形式の知識を気軽に学べるもので、週刊、もしくは隔週刊で発行されています。雑誌には模型の一部や付録がついてきて、模型は全巻集めると1つの作品が完成します。お城、戦艦、機関車、バイク模型にロボット、3Dプリンターまでさまざまなものが用意されています。デアゴスティーニ社は世界中33カ国で展開しており、日本だけでなく世界中で受け入れられています。この雑誌が魅力的に見えるのにはわけがあります。実は経済行動学を結集したビジネスモデルなのです。ではどんなところに経済行動学が使われているかを見ながらシミュレーションしてみましょう。

1. 単純接触効果

デアゴスティーニ社は創刊号のCMを多く露出しています。それだけ「おっ、いいな」と思わせるコレクションを何度も見せられるのだからたまりません。人は繰り返し接すると好意度や印象が高まるという傾向があります。CMを何度も見たり、聞いたりしているうちに、雑誌をどんどんほしくなってしまうのです。

2. 価格のアンカー効果

デアゴスティーニ社がうまいのは創刊号の価格の見せ方です。通常価格の1,850円を創刊号だけは925円というように、通常価格を見せてから特別価格を提示します。最初に見た金額が目に飛び込み基準となり、そこから半額のような見せ方をされるとより安く感じるのです。創刊号の特別定価を見ると「すごく安いから買ってみたい」と思えてくるのです。これを「アンカー効果」といいます（アンカー効果についてはくわしく第2章で解説します）。

3. 収集欲が強い男性を狙うラインナップ

雑誌のラインナップは戦車、城、バイク、戦艦、ヒーロー、アニメ、映画など男性が好みそうな商品を集めています。実はこれ、女性をターゲットにするより効率的だからです。男性は収集欲が強く、なにかを完璧に集めたいと思う願望があります。女性は「買う」という行為を楽しむ傾向が強いのに対して、男性は使わなくても「集める」ことに快楽をもちやすいのです。男性をターゲットにするほうがより効果的なのです。

4. 希少性の原理

本屋で創刊号は豊富にあるのですが、号数を重ねるうちに冊数が減っていきます。するとそのうち買えなくなるかもしれないという恐怖感に恐われてしまいます。いましか買えないのではないかと思うと、つい買ってしまいたいと思うようになるのです。すぐに買えなかった人も、そうした書店の状況を見て雑誌を購入してしまう人がでてきます。

なぜデアゴスティーニはあんなにほしくなるのか？
～行動経済学を活用したビジネスモデル②～

5. 保有効果

模型をつくり始めてくると、つくっているものがとても価値があると思えてきます。そして価値あるものだから、続けてつくりたい、コンプリートしたいという気持ちが強くなってきました。雑誌にはさまざまな知識や小ネタが書かれているのもその効果を後押しします。商品のバックグラウンドや深い知識を有すると、より楽しみに快楽が付加される傾向があるのです。

6. 送料「無料」の魅力

買い続けているうちに、毎週本屋に行くことが少しめんどうになってくるかもしれません。デアゴスティーニ社のサイトでは定期購読の申し込みができ、手続きも簡単です。そしてなによりも送料が「無料」なのです。無料は強い動機づけになります。ここで多くの人は定期購読の申し込みをしてしまいます。

実はデアゴスティーニ社の設計のすばらしさはここからです。

7. コンコルド効果

保有効果からコレクションをすることに価値を見いだしますが、すべての人が継続的に続けられるわけではありません。イメージと違ったからやめたい、思ったよりめんどうだから続けるのはつらいと感じる人もでてきます。ところが「すでに何回か投資したのだから、それをスクラップに回すことはできない」という考えも浮かんできます。やめようかなと思っても、それまでの投資を惜しんでしまうのです。この心理効果は投資を続けて失敗した旅客機コンコルドの例をとって「コンコルド効果（コンコルドの誤り）」といわれています。またこのシリーズは金銭面だけでなく週刊、隔週刊によってつくり手に時間的な投資をさせているところがすぐれています。簡単にはやめられない心理が働くのです。

8. 現状維持バイアス

本章で紹介したように人には現状維持バイアスというバイアスがかかり、一度、申し込みをするとなかなか解約できない心理が働きます。デアゴスティーニ社のすごいところは、申し込みはネットで簡単にできるのに、解約は電話でないとできないところです。解約を電話にするだけで、手間や会話をめんどうと感じる人が圧倒的に増え、そのまま定期購読を続けてしまうのです。

9. 完成（完走）欲

定期購読を続け、シリーズは残すところ少しになってきました。デアゴスティーニ社のじょうずなところは明確にシリーズの終了を見せているところです。人はゴールが見えると途中でやめられなくなります。ゴールしたときの達成感を味わいたいという欲求もでてきました。この段階でやめる理由はありません。結局最後まで購入を続けるので、トータルでかなりの金額になったはずです。これ、支払いが毎月というのが魅力なのです。大きな支払いを分割すると、その金額を大きく感じなくなります。これは「マグニチュード・エフェクト」と呼ばれている心理効果です。

これが主要なデアゴスティーニ社の行動経済学による多様な設計です。このテクニックは雑誌だけでなく、他業種の他商品にも活かすことができるかもしれません。

第1章のまとめ

・人には一度なにかを所有すると価値が高いものだと思う「保有効果」が現れる。300円の宝くじを手放してもいいと思える金額は1,180円

・メニューの「松・竹・梅」、多くの人は失敗したくない心理から「竹」を注文する。コース料理では真ん中を選択する確率は85.7%あった

・人は努力にはお金を払えるが、技術やスキルにはお金を払いたくない

・貯金ができない人は、未来よりいまに高い価値を感じている

・人を動かすには「代替報酬」という考え方が有効

・1万円札をくずしたくない気持ちは、損失回避の気持ちが強いから

・デアゴスティーニのCMは目に毒だ

第２章

合理的な判断を阻害するシステム

私たちは論理的な熟慮システムと直感的な自動システムの２つを使ってものを判断していると考えられています。特に自動システムはときに合理的な判断を阻害する間違った判断にたどり着くことがあります。第２章ではそうした人の経済活動におけるミスの種類と原因に迫ります。

「論理」と「直感」、2つの判断システム
～熟慮システムと自動システム～

第1章では人の不思議な行動パターンとバイアスについて説明しました。なぜこのようなことが起きるかといいますと、それは人の判断システムにあると考えられています。私たちがものを見て意思決定するまでには、まず対象物や情報を感覚器で知覚し（目や耳を通して知り）、過去の記憶と比較、どのようなものかと認知（理解）します。認知された情報はふたたび記憶と比較され、次にどのような行動選択をするのがよいか合理的な判断が行われ意思決定がなされます。この論理的なシステムは「熟慮システム」、もしくは「システム2」といわれています。複雑な計算や物事を計画するときには、この熟慮システムを使っています。

ところがこのシステムによる判断は非常に労力がかかるために、たびたび思考の近道を通り、思考の工程を飛ばして意思決定することがあります。この直感的なルートのシステムを「自動システム」、もしくは「システム1」と呼びます。自動システムは脳のもっとも原始的な部分に関連しているといわれ、本能的に瞬時に判断をするシステムです。なにかの物体が自分に向かってくるととっさに避けたり、かわいいものを見るとふっと笑ったりするのはこのシステムの働きです。人は「かわいいから、次に笑うぞ」と考えて行動しているわけではありません（戦略的な笑顔を除く）。

ふだんはこの2つのシステムが連携して判断に影響を与えています。たとえば建物内で地震に遭遇すると、自動システムが「ヤバイ地震だ。逃げるぞ」と直感的に反応します。すると熟慮システムが「いや、待て、ここは耐震性のある建物だからだいじょうぶだ。へたに飛びださないほうがいいかもしれない」と反応します。

買い物でも商品を選ぶ際、直感的に「これにしよう」と決めたあとに、いろいろと考えがわいてきて「やっぱりこっちがいいかな」と違う判断がでてくるのはこの熟慮システムがかかわっていると考えられます。新しい携帯電話や電子機器の操作を続けると疲れるのは、この熟慮システムを使っているからです。しばらく続けていると操作も感覚的にできるようになり、考えないで使用できるようになります。熟慮システムは慣れとともに自動システムに移行することがあります。料理で自然に手が動いたり、スポーツで無意識に体が動いたりするのも同じです。

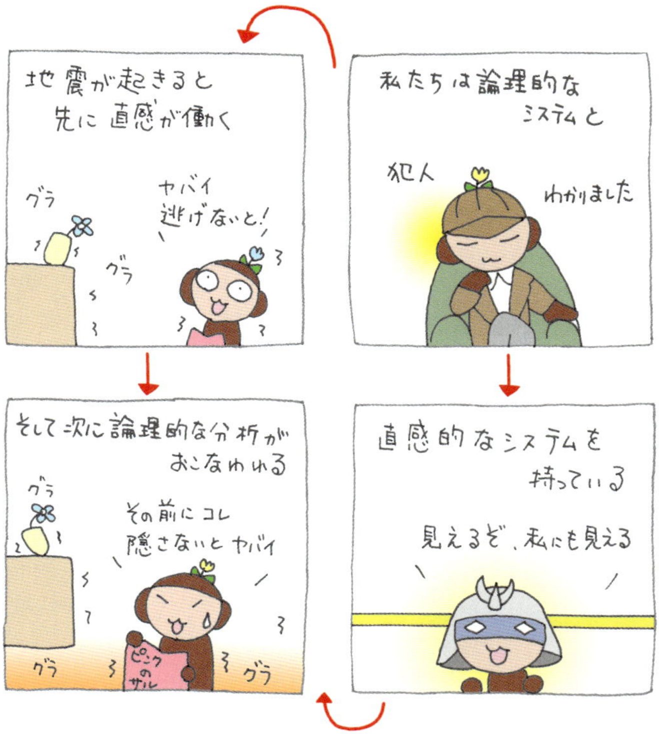

私たちの直感はしばしば間違う
～ヒューリスティックスとバイアス～

自動システムは、スピーディに結論まで到達できる優秀な機能です。一瞬にして結論やモノの本質を見抜くこともあります。ところが、いつも正しい答えを導きだせるわけではありません。この自動システムはよく間違いや勘違いをするのです。そのため前ページにある地震に遭遇したときの例のように、熟慮システムが自動システムを監視していて、間違った場合は修正するように働きます。ところがかならず修正してくれるともかぎりません。

こんな例題を考えてみてください。

「湖にあるスイレンの葉はどんどん成長し毎日倍になります。スイレンの葉が湖をおおいつくすのに48日かかるとすると、湖の半分をおおうようになるまでに何日かかりますか？」

多くの人は瞬時に「24日」と勘違いして答えます。倍々で増えていくのですから、正解は48日目の前日である47日目です。よくよく考えてみるとわかるのですが、「48」といういかにも2で割りたくなるような数字に影響を受けて、瞬時に2で割ってしまいたくなるのです。熟慮システムを使用するのは疲れるので、自動システムを使って先に答えてしまい、熟慮システムが機能しないケースがあります。熟慮システムは意外と自動システムを止められないという研究報告もあります。

これは困りました。自動システムがよく間違うなら私たちはつらくてめんどうな毎日を過ごさないといけません。でもだいじょうぶです。こうした自動システムの間違いを避けられないかといえば、そんなことはありません。間違いには一定の傾向（偏り）があり、予測することもできます。こうした判断の偏りを行動経済学者のダニエル・カーネマン教授とエイモス・トベルスキー教授は、「ヒューリスティックスによるバイアス」と名づけました。ヒューリスティックスとは「明確な手がかりがないときに用いる発見的方法」といわれています。簡単にいってしまうと、問題解決時に使用される経験からくる「解決法や法則」ともいえます。もっと端的に「経験則」「近道」と紹介されることもあります。そしてヒューリスティックスによって得られる結果は、ときに間違った方向に行くことがあり、しばしば「バイアス」、つまり「偏り」がともないます。カーネマン教授とトベルスキー教授の論文（1974）には、ヒューリスティックスには、「アンカリング」「利用可能性」「代表性」といったものがあり、それによって得られる判断にはバイアスがともなうと説明されています。

年配の人が「頭が固い」といわれるのは、熟慮システムを使わずヒューリスティックスな判断を多用するようになるからです。長年記憶の中でたまった固定概念や偏見などが自動システムのルートに出現してしまいます。

この章では人の判断を阻害するヒューリスティックスとバイアスを説明し、加えて目や脳の機能からくるミスの種類と原因を解説して人の判断システムとその傾向に迫りたいと思います。

最初に提示された数字の影響を受ける
～アンカリング効果①／アフリカの国連占有率の問題～

私たちはなにかを予測するときに、最初に提示された数字の影響を強く受け、その後の判断に影響をおよぼすことがよく知られています。提示された数字がまるでアンカー（船のいかり）のように働き、その数字の海域にとどまってしまうので、次の予測に影響を与えて（調整して）しまうのです。このヒューリスティックスは「アンカリングと調整」もしくは「アンカリング効果」といわれることもあります。アンカーは自分自身で設定することもありますし、無関係に与えられることもあります。

アンカリング効果は非常に強く、その効果を実証するさまざまな実験が行われています。ここでは顕著な結果がでた、その1つを紹介します。カーネマン教授とトベルスキー教授が行った有名な実験です。

実験参加者の前に0～100までランダムに書かれたルーレットがあり、止まった数字を書きとめてもらいます。そうして止まった数字を見て、「国連加盟国のうちアフリカの国々が占める割合はその数字より多いでしょうか少ないでしょうか？」と質問します。その後「実際の占有率は何％だと思いますか？」と質問します。実はこのルーレットは「65」か「10」のどちらかにしか止まらない構造をしていました。ルーレットが「65」で止まった人の占有率の回答平均は45％でした。ところが「10」で止まった人の平均は25％だったのです。その差はなんと20％もありました。ルーレットの数字は占有率とはまったく関係ない数字なのにもかかわらず、最初に提示された数字がアンカーの役割をしてしまい、そのあとに推測し調整をする際に大きな影響を与えてしまったのです。

最初に見た数字が
50
アンカーとなって
50
んー
その後の判断に影響を与える
50
あの人何才かな?
52才ぐらい?
結婚記念日フェア
いくら?
安い! ください!
はい
30000
10000
ヤダー 安価リング
オマエ そういうこと言うなよー

最初に提示された数字の影響を受ける

～アンカリング効果②／２つのアンカーによる影響～

最初に提示された数字の影響を強く受けることはわかりました。では途中で新しいアンカーを提示するとどうなるのでしょう？ アンカーが入れ替わるのか、それとも最初のアンカーの影響を受け続けるのでしょうか？

そこで20代～40代の男女30人に協力を得て次のような実験をしてみました。箱の中にくじを複数用意してその中から1つを取りだしてもらいます。実験参加者に、くじには「1」から「100」までの数字が書かれていると説明します。しかし、くじは「35」と「80」の2種類しか用意しませんでした。くじを取りだしその数字を見て「2011年における20代の自動車免許所得率はその数字より上か下か」という質問をします。「35」を引いた人のほとんどは「上」と答え、「80」を引いた人は「下」と答えました。そして次に「実際に20代の自動車免許所得率は何％だと思いますか？」という質問をしました。すると「35」を引いた人の平均回答は約51％で、「80」を引いた人の平均は約62％でした。最初に引いたくじの数字と自動車免許所得率はまったく関係はありません（実際の保有率は63.5％）。にもかかわらず「35」を引いた人は低めに、「80」を引いた人は高めに回答をしてしまい、11％ほど差がでました。

ここからが次の実験です。実際の所得率として、「35」を引いた人には66.5％であるとウソの情報を教えます。一方、「80」を引いた人は60.5％であると同じようなウソの情報を教えます。これが2つめのアンカーです。そうして「20年前の20代免許保有率は何％だったか」という質問をします（実際の保有率は74.2％）。2つめのアンカーに影響を受けるならば「35」を引いた人のほうが、「80」

を引いた人より大きい数字をいうはずです。ところが最終的に得た回答は「35」を引いた人は平均71％で、「80」を引いた人は平均79％という回答でした。「80」を引いた人のほうが高い数字の回答をしました。「35」を引いた人のほうが低い数字のままというのは、最初に提示されたアンカーに縛られていることの証明です。このアンカー効果は強く、途中で与えられるより意味のあるアンカーよりも、最初に与えられた無関係なアンカーのほうが強く影響を与えやすいということがわかります。

最初に提示された数字の影響を受ける

～アンカリング効果③／プレイステーションの戦略的アンカリング効果～

アンカリング効果は商品価格と密接な関係があります。たとえば天候不順で野菜の価格が高騰すると消費者は敏感に反応します。それは消費者がほうれん草は○○円ぐらい、キャベツは○○円ぐらいというアンカーをもっているからです。ところが高級クルーザーが4000万円で売られている広告を見たとしても、多くの人は高いのかお買い得なのかよくわかりません。それは高級クルーザーのアンカーをもっていないからです。

2010年に登場したタブレット端末「iPad」は、いまやノートパソコンに代わり、さまざまなビジネスの現場で使われています。最近ではアマゾンやグーグルが自社のサービスに誘導する狙いで赤字覚悟の低価格で自社端末を発売し、低価格がタブレット端末の普及を一気に加速させました。2010年に「iPad」は48,800円でしたが、現在では1万円を切る端末も他社から発売されています。最初に約5万円のアンカーができているので、1万円以下の端末は非常に魅力的に映ったはずです。もし「iPad」が最初に19,800円で売られていたら、ここまでの価格効果は見込めなかったかもしれません。製品の価格印象は初めて市場に導入したときにつくられてしまいます。

1994年に登場した家庭用ゲーム機「プレイステーション」もたくみにアンカー効果を使って普及した製品です。当時、家庭用ゲーム機はファミコン、スーパーファミコンで君臨した任天堂が他社を大きく引き離していました。この年、プレイステーションをはじめ、セガサターン、3DO REAL、PC-FXといったハードが発売され、いわゆる次世代ゲーム機戦争に突入したのです。CD-ROM

を用いた高性能32bit機であるプレイステーションの発売価格は39,800円、次世代ゲーム機は4～5万円台で登場し、これが次世代ゲーム機のアンカーとなりました。その後、仕様を変更し29,800円(1995年)、24,800円(1996年3月)、19,800円(1996年6月)、18,000円(1997年)、15,000円(1998年)と値下げを繰り返しました。魅力的なゲームソフトの発売に加え、高いという印象をもっていたハードの値下げは強力でした。この値下げは開発責任者の当初からの戦略だったといわれています。発売後により安価な価格で代替が効くパーツが生まれることを前提に、代替される可能性のある部分を最初からまとめて設計していたのです。そして、発売元のソニー・コンピュータエンタテイメントは、事前に流通に知らせることなく値下げの告知を突然行いました。流通や小売店が発売日の前日に混乱するなかで、消費者には「安くなった」というインパクトがより強く印象づけられました。アンカー効果をたくみに操ったプレイステーションは、セガサターンなどのライバル機の追随を許さず、業界に君臨していた任天堂の牙城をくずしたのです。

簡単に思いつくものの確率を高く見積もる
～利用可能性①／自殺者数と他殺者数の印象～

私たちがなにかを見て簡単に思いつくものほど、記憶の中から取りだしやすい情報ほど頻度や確率を高く見積もる傾向があります。これを「利用可能性（利用可能性ヒューリスティック）」といいます。

たとえば私たちはニュースで殺人事件や交通事故の報道をふだんからよく見ているため、人の死亡原因はなにかと考えると他殺や交通事故による死亡者は多いと感じてしまい、年間に起こる事件事故率を高く見積もってしまうことがあります。特に事件や事故を見た直後には、より強い効果がでてしまいます。しかし現実では殺人事件や交通事故で亡くなる方よりも自殺で命を落とす方のほうが圧倒的に多いのです。2013年の他殺死亡者341人、交通事故死者4,373人に対して、自殺死亡者は27,195人もいます（政府統計、警察庁）。自殺者の多さは社会問題となっており、メディアで報道されることもあるので、多いとはなんとなく思っていても、印象のほうが優先されてしまい、ここまでの差があるとは思えないと思います。

ほかにも地震が起こり、メディアで何度も紹介されるとその記憶が鮮明に思い浮かぶようになり、実際の確率よりも高く見積もって不安になることがあります。そして地震がすぐくるような錯覚に陥り、災害対策グッズを買い、自然災害保険へ加入する人が増えます。しかしその後、メディア露出が落ち着いてくると記憶が薄れ、ゆるやかに購入者や加入者は減少していくのです。

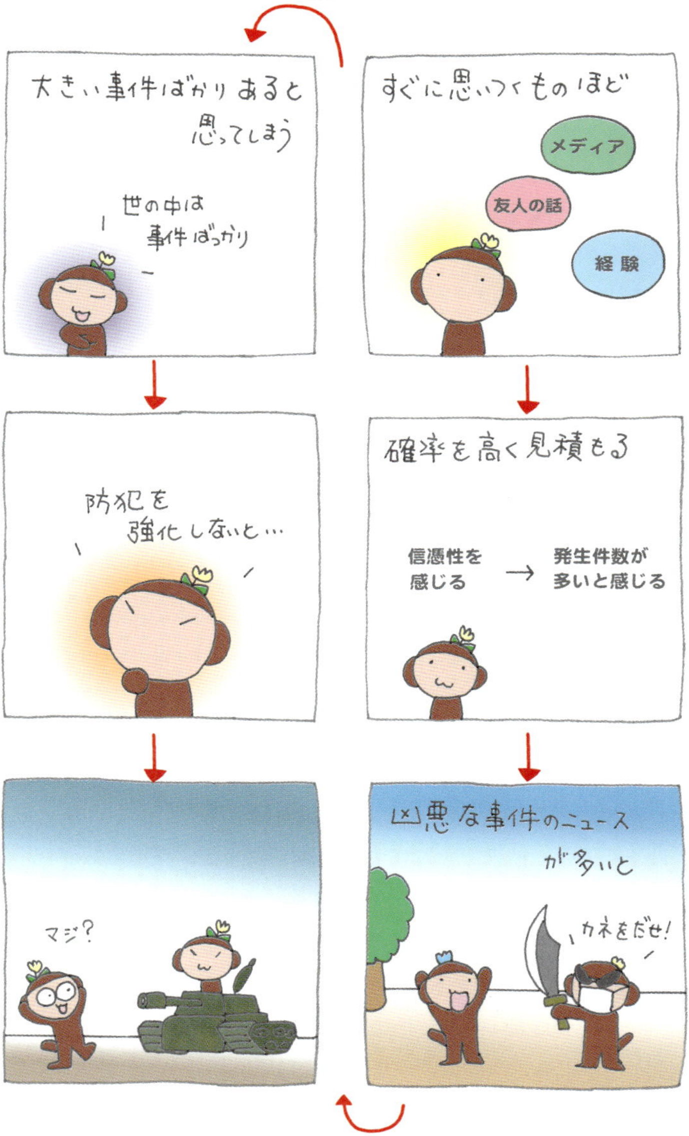
すぐに思いつくものほど
メディア
友人の話
経験
確率を高く見積もる
信憑性を感じる → 発生件数が多いと感じる
凶悪な事件のニュースが多いと
カネをだせ!
大きい事件ばかりあると思ってしまう
世の中は事件ばっかり
防犯を強化しないと…
マジ?

簡単に思いつくものの確率を高く見積もる
～利用可能性②／安全講習のビデオが予防する事故～

利用可能性には思いだしやすさにかかわる「想起容易性」「検索容易性」が影響を与えます。そのため、最新の情報、極端な情報、何度も繰り返される情報を優先して評価してしまいます。たとえばオリンピック選手やサッカー日本代表が世界でも活躍できると必要以上に期待してしまうのは、この想起容易性や検索容易性の影響があるでしょう。予選で好成績をあげた選手の演技をニュースで繰り返し見たり、ワールドカップ予選での日本のシュートシーンを何度も見たりするうちに、私たちは本来の選手の実力を過大に評価してしまうのです。

また最近、免許更新時の安全講習のビデオが生々しく、鑑賞するのがつらいという話も聞きます。昔は事故防止の心がまえや視点などを再確認し、静止画で事故車などが映しだされるものでした。最近のものは交通事故で子どもを失った遺族のインタビューや飲酒運転でひき逃げされて死亡した被害者のインタビューが加わっているものもあり、再現ドラマとはわけが違う、本当の遺族が話す内容が胸を突き刺すといいます。こうした強い印象の映像を見ると、被害者と加害者の悲惨さに加え、交通事故が確率以上に起こりうる身近なものだととらえる傾向にあります。運転がしばらくの間慎重になり、免許更新後は事故率が約5％低下するというデータもあります。講習ビデオと講習後の事故率との間に因果関係があるかは不明ですが、利用可能性により事故率を高く見積もり、ふだんよりも安全運転につとめようとすることは想像できます。

BIG
6億
BIG
6億
あー なんか
6億
当たる気が
してきたー
あーゆうの
やめてほしい
6億が当たるのは
1/4800000
まず当たらない
そーゆうのも
やめてほしい

人は典型的なシチュエーションに弱い
～代表性①／リンダ問題～

外国人に自国で見る日本人観光客の印象を聞くと、「カメラを首からさげて写真を撮りまくっている人」といわれるそうです。いまやデジカメとスマホが主流で、カメラをぶら下げている人がどの程度いるのか怪しいものですが、海外からは日本人はそうした印象で見られているようです。私たち日本人も「イギリス人は紳士」「イタリア人は情熱家」「フランス人はグルメ」など、同じように海外の人を見ていることもあります。こうした多くの人に浸透している固定概念や偏見は「ステレオタイプ」と呼ばれる観念です。こうしたヒューリスティックを「代表性（代表性ヒューリスティック）」もしくは「典型性」と呼んでいます。ある集合体に属するものが、その集合体をそのまま表していると考え、頻度や確率を誤って判断してしまうことです。

代表性を紹介するときに有名な例題に「リンダ問題」といわれるものがあります。

「リンダは31歳の独身で、意見を率直にいい非常に知的。大学では哲学を専攻し、学生時代には差別や社会正義の問題に深く関心をもち、反核デモにも参加していました。彼女の将来についてもっともありそうな選択肢はどちらですか？」

1. リンダは銀行員の出納係である
2. リンダは銀行員の出納係でフェミニスト運動の活動家である

すると80％の人は「1」よりも「2」であると答えるといいます。これは「連言錯誤」といわれる確率的に矛盾した論理の間違いです。合理的に考えると「銀行員でフェミニスト運動の活動家」は「銀行員」に含まれるので「1」のほうが多くないとおかしいのです。しかし、詳細な記述があるほうが典型的に感じてしまい、「2」という結論に到達してしまうのです。

この例題は行動経済学の例題としてよく使われるのですが、「1」には「フェミニスト運動の活動家かどうかは問わない」といった記述がないとやや誘導型のアンケートとも取れます。そこで選択肢を

1. リンダは銀行員の出納係であるがフェミニスト運動の活動家かどうかは問わない
2. リンダは銀行員の出納係でフェミニスト運動の活動家である

と変えて10代～40代の男女30人に聞いてみました。確かに「フェミニスト運動の活動家かどうかは問わない」という言葉があることで選択肢「2」は選ばれにくくなるのですが、約60%の人が「2」と回答しました。よりわかりやすくなっても、「彼女の将来についてもっともありそうな選択肢」となると確率を超えて、典型的なものを選択してしまう傾向にあるようです。

人は典型的なシチュエーションに弱い
～代表性②／波に乗った連続ショット成功率～

私たちはプロスポーツ選手が「波に乗る」という現象をよく目のあたりにしている気がしますし、そういった現象を信じています。アメリカプロバスケットボール選手も「波に乗る」という現象を信じ、ショットの成功が次のショットの成功につながり、それが持続していくといいます。ドラマや映画でもそんな典型的なシーンが容易に想像できます。

コーネル大学のトーマス・ギロビッチはこの問題について科学的に調査を行いました。プロバスケットボールの選手がショットに成功した場合、それが連続していくかを検証してみたのです。

ギロビッチは100人のファンに面接し、50%の確率でショットを成功する選手を想定して「直前のショットが成功しているとき」と「直前のショットが失敗しているとき」で次のショットが成功する確率を推測してもらいました。成功の直後では61%、失敗では42%であるという回答が得られました。観客も選手同様にショットが続くときは続くという印象をもっているようでした。

そしてギロビッチは実際のプロチーム2年分の全ショット記録を入手し、ショットの連続性について調べました。

結果はショットに成功したあとのショット成功率は51%で、失敗後のショット成功率は54%でした。2本連続して成功したあとのショット成功率は50%で、2本連続して失敗したあとの成功率は53%でした。これらのデータは、「成功が成功を呼ぶ」という現象は誤りであることを示しています。

これは一部のデータを切り取り、たまたま連続したショットの成功が記憶に強く残り、本来の確率をゆがめて解釈してしまうことが大きいのかもしれません。3連続、4連続といった成功があり、そうしたものが全体の確率は偶然の法則を超えないなかにいるにもかかわらず、人はそこに「波に乗る」という現象をつくりだし、気持ちを高めていると推測されます。ショットが続くという現象をただ否定し、ファンや選手の夢を壊すことが目的ではありません。人にはこうしたバイアスがかかった解釈をする傾向があるので、人の認知、判断傾向を理解して、うまくつき合うことが大事なのです。

数字は見せ方で判断基準が変わる
～フレーミング効果①／あなたに提案された手術の成功率～

あなたが重篤な病気になってしまい、医師から手術をすすめられたとします。大きな手術は不安です。あなたは手術の成功率を知りたいと思いました。すると医師は2つの手術プランがあるといいました。あなたはどちらの手術を受けたいと思いますか？

A案：手術を受けた100人の患者のうち、1年後に90人が生存しているという手術

B案：手術を受けた100人の患者のうち、1年までに10人が亡くなってしまうという手術

冷静に見ると双方とも同じことをいっています。しかし、直感的に答えると多くの人はA案を選択します。内容は同じなのですが、違うのは生存者を伝えるか、死亡者を伝えるかです。A案は助かることに主眼が向くのでなんとなく安心し、手術を受けようかと考えるでしょう。しかしB案は亡くなることに目がいってしまい、不安を感じてしまいます。手術を受けたくない気持ちになるのではないでしょうか？

こうした数字の見せ方で判断が変化してしまうことを「フレーミング効果」と呼んでいます。問題の見せ方をフレームと考え、フレームが異なることにより異なった判断が導かれます。フレームが立派だと絵も立派であると見えてしまうように、人は絶対評価ではなく見せ方に影響を受けてしまうのです。

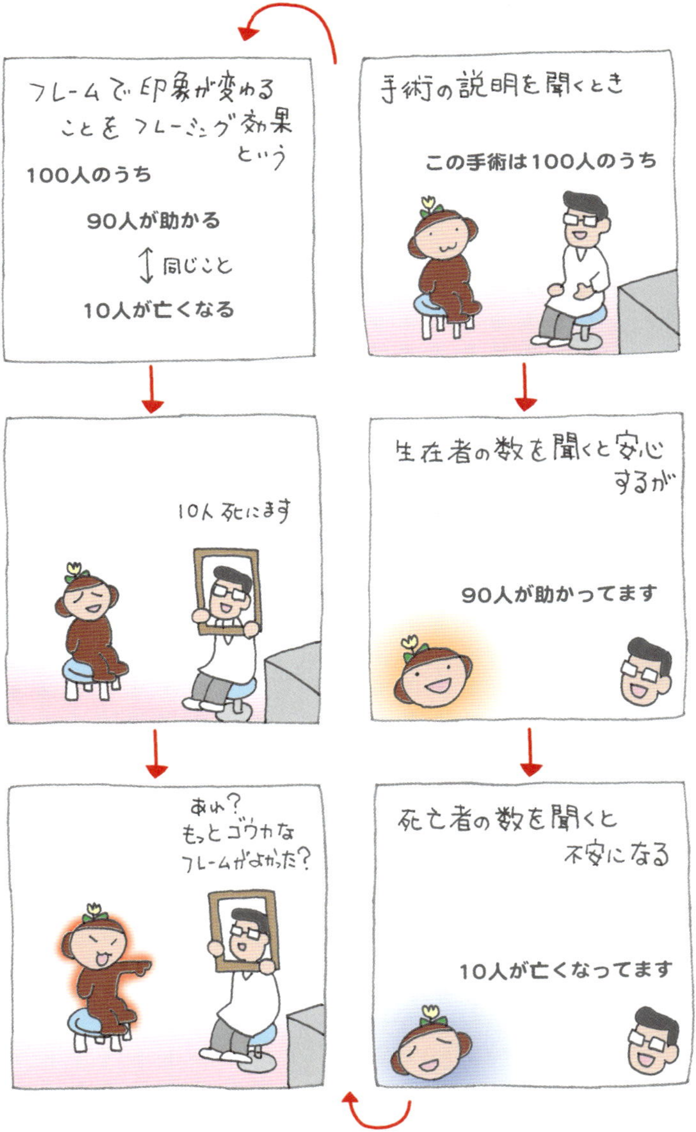
手術の説明を聞くとき
この手術は100人のうち
生存者の数を聞くと安心するが
90人が助かってます
死亡者の数を聞くと不安になる
10人が亡くなってます
フレームで印象が変わることをフレーミング効果という
100人のうち
90人が助かる
同じこと
10人が亡くなる
10人 死にます
あれ？
もっとゴウカなフレームがよかった？

数字は見せ方で判断基準が変わる
～フレーミング効果②／アジアの病気問題～

選択肢がある質問は、選択肢の見せ方によって選択率が大きく変化します。カーネマン教授とトベルスキー教授が行った「アジアの病気問題」という例題を通して、その差を見てみましょう。参加者を2つのグループに分け、下記の同じ質問をします。

「ある恐ろしい病気がアジアに蔓延しました。その被害で600人の死者がでると予測されています。アメリカ政府はこの病気を拡大させないために2つの治療法を考えています。どちらの治療法を選びたいですか？」

※第1のグループには下記の選択肢

A：この治療法では200人が助かる

B：この治療法では3分の1で600人が助かるが、3分の2で残りの人は全員助からない

※第2のグループには下記の選択肢

C：この治療法では400人が死ぬ

D：この治療法では3分の1で誰も死なないが、3分の2で残りの600人全員が死ぬ

実験参加者には時間が与えられず、よく考えることなく直感で回答しました。その結果、第1グループはAを選択した人は72％、Bを選択した人は28％でした。第1グループへの選択肢は「助かる」ことに主眼を置いています。第2グループへの選択肢は「死ぬ」ことに主眼を置いています。「助かる」「死ぬ」と別の表現ですが、AとCの治療法は600人中400人が「助かる」、200人が「死ぬ」という選択肢です。つまりAとCは同じことをいっているので、Aが選ばれたらCも選ばれるはずです。ところが第2グループが選んだ

のはDが78%で、Cを選択した人は22%しかいませんでした。選択肢ABの場合は「助かる」ということに目がいくため確実に200人の命が助かるAを選択する人が増えました。選択肢CDでは「死ぬ」ことが強調されています。人は損失に敏感なので、できるだけリスクを回避したいと考えます。その場合は全員死ぬかもしれないというリスクを負ってでも、3分の1で誰も死なないDが選択されたと考えられます。つまり、利益を得るときには確実に得られるものを、損失をこうむるときにはリスクがあっても損失が全部なくなる「賭け」にでやすい傾向がわかります。

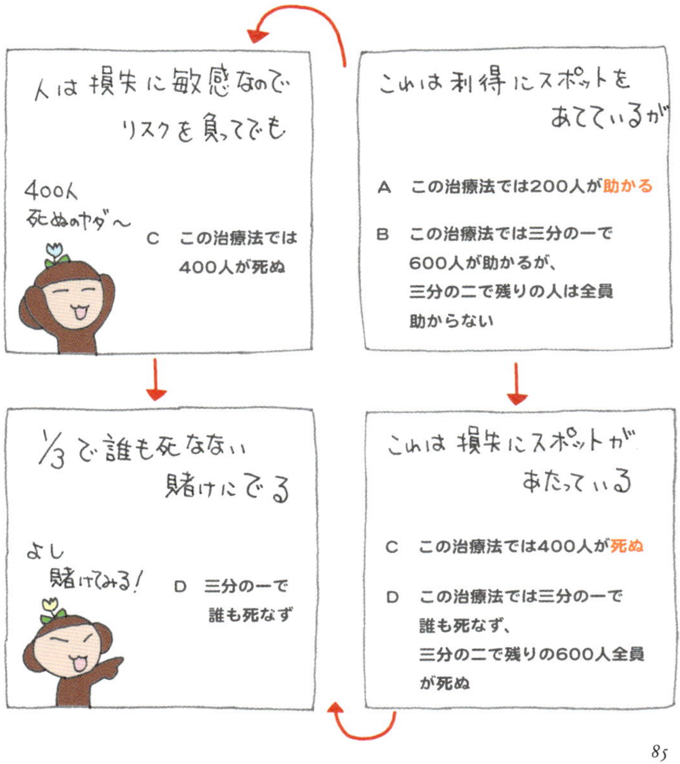
これは利得にスポットをあてているが
A　この治療法では200人が助かる
B　この治療法では三分の一で600人が助かるが、三分の二で残りの人は全員助からない
人は損失に敏感なので リスクを負ってでも
400人死ぬのヤダ～
C　この治療法では400人が死ぬ
これは損失にスポットがあたっている
C　この治療法では400人が死ぬ
D　この治療法では三分の一で誰も死なず、三分の二で残りの600人全員が死ぬ
1/3で誰も死なない 賭けにでる
よし 賭けてみる!
D　三分の一で誰も死なず

数字は見せ方で判断基準が変わる
～フレーミング効果③／フレーミング効果を生むメカニズム～

ロンドン大学のベネデット・デ・マルティーノとレイモンド・ドランは、フレーミング効果を確かめるために20人の学生を集め、脳の血流動態反応を視覚化し観察しました。

特にこのフレーミング効果のトラップに敏感に反応する人がいて、彼らは扁桃体の活動が活発だったといいます。脳の側頭葉内側の奥にある神経細胞の集まりである扁桃体は、恐怖や嫌悪、不安といった感情と関連が強い部分です。

また前頭前野皮質の活動と合理的な選択との間に関連も認められたといいます。この部分の働きが活発になった学生は選択に一貫性があり、フレーミング効果が弱まっていると想像できるといいます。前頭前野皮質は複雑な認知行動の計画や適切な社会的行動の調節にかかわっているとされている部分です。

サン・ラファエレ生命健康大学のマッテオ・モッテルリーニはこうした結果を受け、「合理的な人とは感情のない人ではなく、感情のコントロールがうまくできる人だ」といいます。

「1年後の生存率」「治療法による死亡者」など損失回避性をもつ一般的な人はそれを不安や恐れをもって選択しているのかもしれません。「もしかしたら不合理な選択かもしれない」、そう思っても恐怖から感情をコントロールできなかったのかもしれません。フレーミングに影響を受けにくい人は前頭前野皮質が感情や認知プロセスからきた情報を統合して修正しながら、状況に応じて調節することが可能のようです。

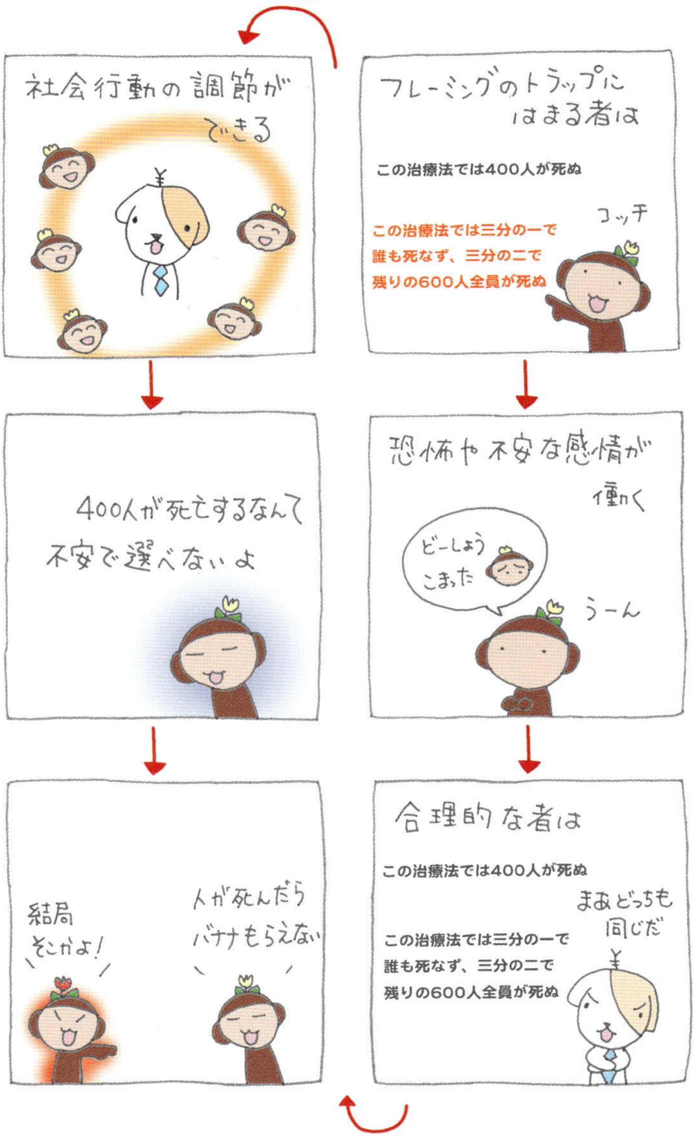
フレーミングのトラップに
はまる者は
この治療法では400人が死ぬ
この治療法では三分の一で
誰も死なず、三分の二で
残りの600人全員が死ぬ
コッチ
恐怖や不安な感情が
働く
どーしよう
こまった
うーん
合理的な者は
この治療法では400人が死ぬ
この治療法では三分の一で
誰も死なず、三分の二で
残りの600人全員が死ぬ
まあどっちも
同じだ
社会行動の調節が
できる
400人が死亡するなんて
不安で選べないよ
結局
そこかよ！
人が死んだら
バナナもらえない

意味を探すことが大好き
～アポフェニア／無秩序の中に意味を見つける～

人は無秩序で意味のないものを嫌います。それは次にくるものが予測できないからです。私たちは予測できないと不安になり、見えないものに恐怖をもつようになります。すると人は無秩序で意味のないものに意味のあるパターンを見つけようとします。秩序を見つけようとする行為も人の判断システムが関与していると推測されます。秩序があるものに対しては予測が簡単になり、熟慮システムの仕事が楽になるからです。P.80のショット連続成功率の話も、偶然の中に「波」という意味を見つけようとした例です。無意味な情報の中から規則性や関連性を見いだす知覚作用は「アポフェニア」と呼ばれます。

たとえばこんな話があります。「リンカーンがアメリカ合衆国の大統領に指名されたのは1860年、同じくケネディは100年後の1960年。2人ともジョンソンという副大統領がいて誕生日が1808年と1908年、リンカーンにはケネディという名の秘書がいて、ケネディにはリンカーンという秘書がいました。暗殺されたのは2人とも金曜日。リンカーンの暗殺者の誕生日は1839年、ケネディの暗殺犯は1939年」というぐあいです。

この一致が偶然か必然かは別として、人はこうした共通性を見つけ、情報をまとめるのが好きなのです。秩序を発見することができると優越感的な感情をもつことができ、自尊感情を高くできるからです。私たちはこうした傾向を理解して、数字と向き合い、必要以上に数字に意味を探さないほうがいいのかもしれません。

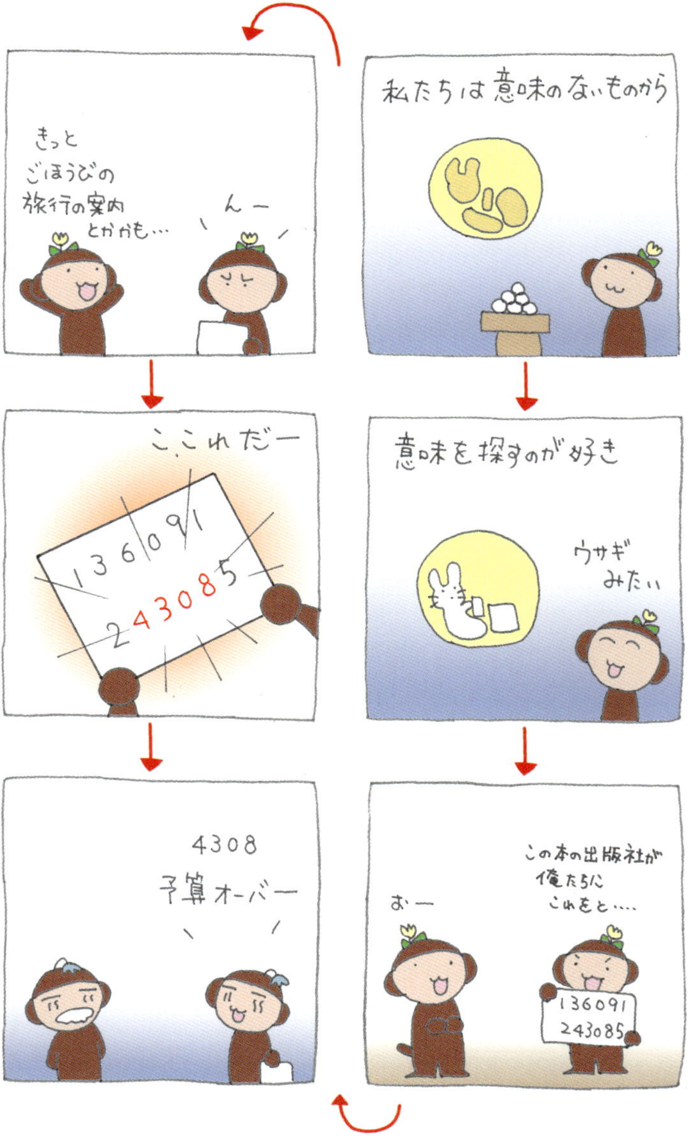
私たちは意味のないものから
意味を探すのが好き
ウサギみたい
この本の出版社が俺たちにこれをと….
おー
136091
243085
きっとごほうびの旅行の案内とかかも…
んー
こ、これだー
136091
243085
4308
予算オーバー

直前に聞いた話が行動を促進させる

～プライミング効果／直前の話に関連記憶が活性化させられる～

国政選挙の投票率の低さが問題視されています。投票率が低下するのにはさまざまな原因があり、簡単には引き上げられないと思われています。ところが簡単に投票率を上げる方法があります。それは選挙の前日、有権者に当日に投票に行くかどうかという質問をすると、その人が投票に行く確率を25％も上げられるのです(Greenwald *et* al.／1987)。全米で4万人をサンプル対象とした調査で、対象者に「今後、6カ月以内に新車を買うつもりですか？」と質問しただけで、35％も新車購入率が上昇するといいます。

あらかじめある事柄を見聞きしておくと、関連した情報を思いだしやすくなります。これを「プライミング効果」といいます（有権者の投票行動はこの効果だけではないと思われますが）。人はすべての記憶の中から自由に情報を出し入れしているわけではありません。直近に聞いた情報に関連する知識が取りだされる傾向にあります。これはものの評価にも影響を与えます。たとえば海外の海の映像や珊瑚礁の映像を見たあとに、沖縄のイメージを聞くと「美しい海」と答える比率が高くなります。軍事施設での事故の映像を見たあとに沖縄のイメージを聞くと「基地」と答える比率が高くなります。海外の海の映像は沖縄とまったく関係なく、軍事施設の事故もアメリカの基地とはまったく別の国の映像だったとしても、影響を与えてしまうのです。「赤」の情報から「リンゴ」を思いだすように、直接的な情報でなくても影響を受け、思いだしやすくなるのです。

誰かの気持ちを動かしたい場合は、関連する情報のポジティブな部分をさりげなく見せることがいいかもしれません。

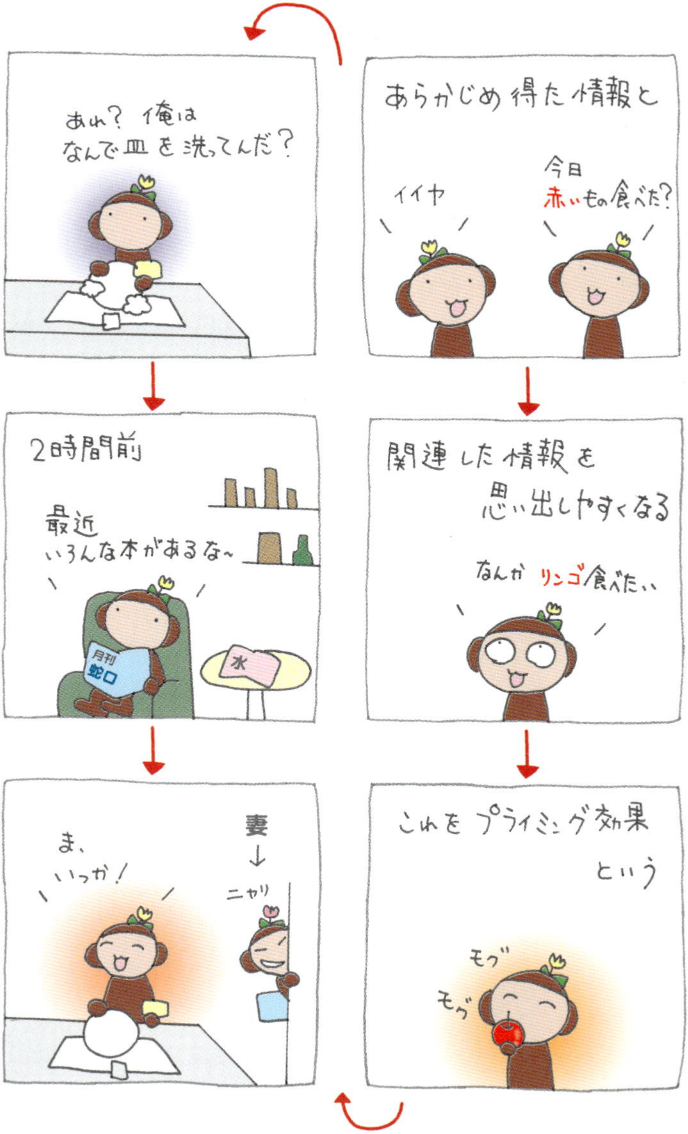

あらかじめ得た情報と
今日
赤いもの食べた?
イイヤ
関連した情報を
思い出しやすくなる
なんかリンゴ食べたい
これをプライミング効果
という
モグ
モグ
あれ? 俺は
なんで皿を洗ってんだ?
2時間前
最近
いろんな本があるな~
月刊
蛇口
水
ま、
いっか!
妻
↓
ニヤリ

見えるものが見えているわけではない
～確証バイアス／私たちは都合よくものを見る～

私たちは対象物を見たときに一瞬のうちに脳の中に視覚像を瞬時に成立させます。色や形、位置関係などを正確に把握できます。人の目はとても高性能なのですが、高性能なために大事なものを見落とし、全体に目が奪われディティールを見落とすこともあります。なにかを探していたりすると、ほかの情報の流入が制限され、視覚の中にあるのに気がつかないこともあります。

テレビ番組でこんな実験がありました。10人の男女に、多くの人が通り過ぎる映像を見せ、「白い服を着た人は何人でてくるか？」と特定の人を探してもらうというものです。10人中7人が白い服の人数を正しく答えられましたが、その映像には1つ秘密がありました。全身タイツのタレントがパントマイムをしながら通りすぎていたのです。ところがその姿に気づいたのはわずか3人しかいなかったのです。私たちの目から入ってくる情報は非常に多く、そのすべてを認知できないのです。このように重要でない情報と思われるものは自動的に排除されてしまいます。

また男性と女性によって見ているものが違うこともあります。たとえばひったくり事件を目撃した場合、男性の目撃者はひったくり犯の外見上の様子をよく覚えています。ところが女性はひったくられた被害者のほうに目がいき、被害者の容姿や行動を覚えているといいます。ニューヨーク市立大学ブルックリン校のイズリエル・エイブラモフ教授の研究チームによりますと、女性は男性よりも色に敏感で、男性は遠くのものを見分けたり、すばやく動く物体を目で追うことが女性より得意といいます。

見たいものだけを見るというのは、都合よく現実を歪めて解釈することにもつながります。たとえば自分の部署に1人だけ女性が配属されてきたとします。もともと女性に対して偏見をもっていると、女性はさまざまな行動をしているのにもかかわらず、自分の固定概念と合致するところを見かけると、それだけを抽出し「女性はやっぱり○○だな」という結論をもってしまいがちです。その結果、自分の固定概念をより強くしてしまいます。こうした偏りを「確証バイアス」といいます。

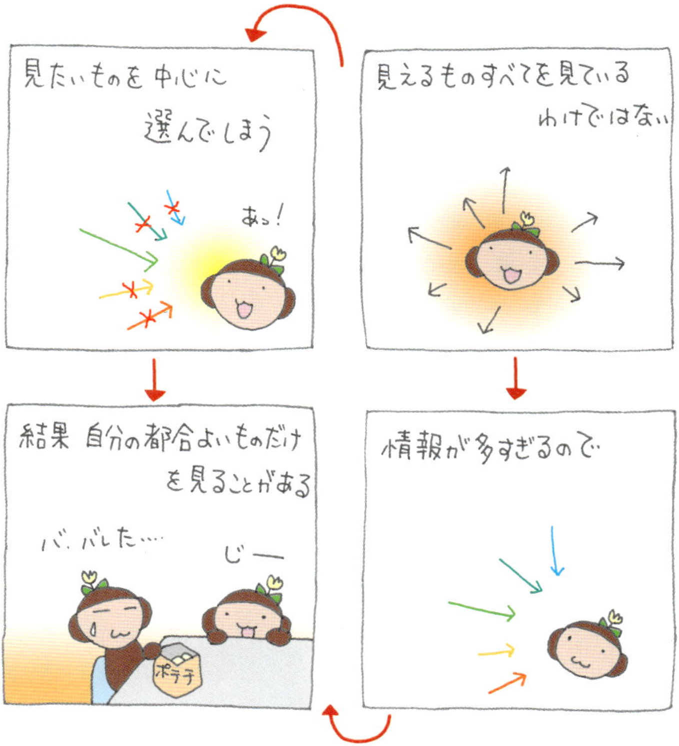

2つの情報は同時に処理でない
〜人はマルチタスクが苦手〜

私たちの熟慮システムは同時に2つの情報を処理するのを苦手としています。同時に複数の作業をしているように見えても、1つの作業を一定の短時間で行き来しているだけなのです。スマホをしながらの車の運転は「できているつもり」になっているだけで、スマホ作業中はいっさい車の運転に意識が向いていません。行動経済学、心理学、脳科学からいっても非常に危険な行為です。

ここでは2つの情報を同時に処理しようとすると脳が干渉するということを体験していただきたいと思います。アメリカの心理学者ジョン・ストループによって報告された「ストループ効果」というものです。まずは下の漢字を読んでください。

白　赤　黄色　青　赤　緑　黄色

特に問題なく読めたと思います。続いて下の色を順番に答えてみてください。

これも問題なかったと思います。では続いて右ページの文字色を答えてください。文字名ではなく漢字の色を答えてください。

赤　黄色　青　白　赤　緑　青

これにはちょっと、とまどったのではないでしょうか？　このように漢字と色など、同時に2種類の情報を処理しようとすると脳内で認知が干渉し合って反応が遅れます。色を答えようとしても、無意識に単語が目にとまってしまい、瞬時に読める漢字を答えてしまいそうになるのです。

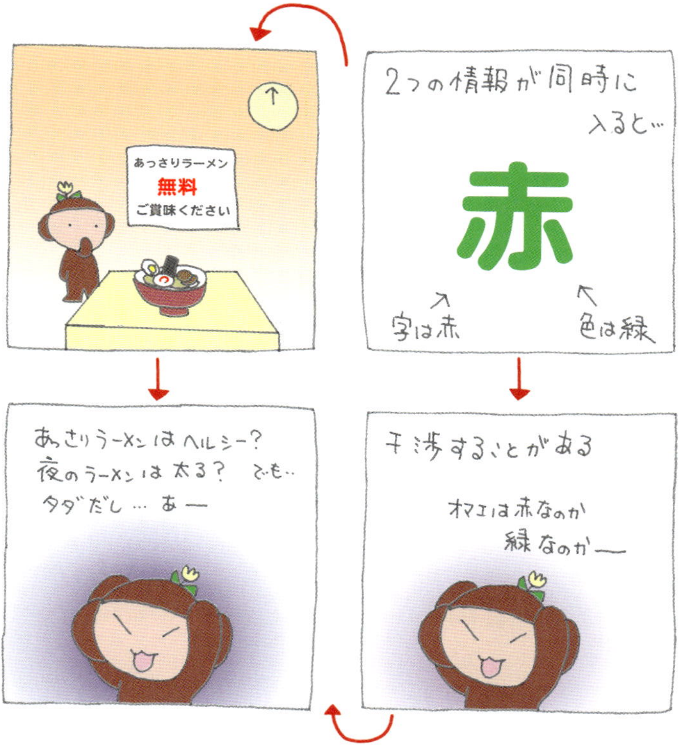

損失と利益の価値の差
～プロスペクト理論①／価値関数～

私たちは得をするときと損をするときでは感じ方が異なります。カーネマン教授とトベルスキー教授は、個人が得と損をどのように評価するのかを実験などの結果から定量化し、1つの意思決定モデル「プロスペクト理論」をつくりました。プロスペクト理論は実際の行動を説明する現実にとても近い理論といわれています。この理論の意思決定基準は「価値関数」と「確率加重関数」からなります。

価値は評価の基準となる参照点（原点）からの変化で得られます。最終的な結果ではなく、基準点と比較し勝っているのか劣っているのかが大事ということです。価値関数とは「意思決定をする人が得る利益やこうむる損失を、意思決定者の主観的な価値に対応させた関数」なのです（**図1**参照）。価値関数の特徴は「感応度逓減《ていげん》性」といわれ、利益も損失も値が小さいうちは変化に対して敏感ですが、値が大きくなってくると変化に鈍感になってくるというものです。

確率加重関数というのは、確率に主観的な重みをもたせたものです。曲線は利益に向かうときは凸状になっています。これは得をしそうなときは、目の前にある利益を確実に得ようとするリスク回避的で確実性を求める傾向があることを示しています。逆に損失に向かうときは凹状になっています。これは損失そのものが回避できるようにイチかバチかの勝負にでやすい、危険追求的で賭けを好むという傾向を示しています。

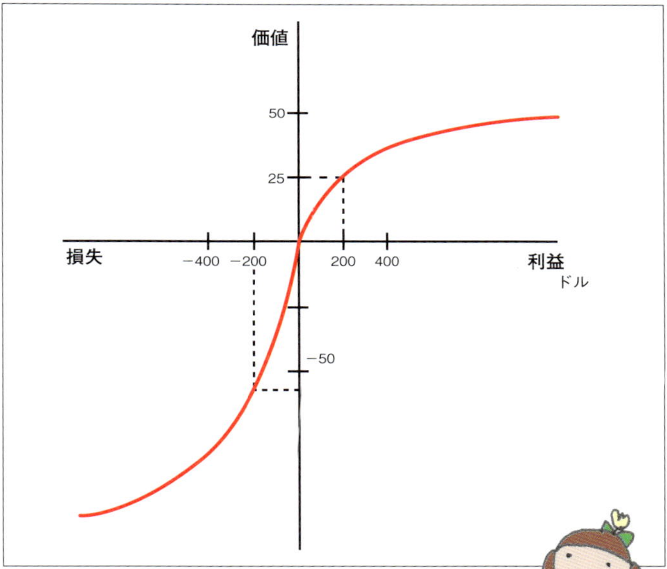

図1　プロスペクト理論の価値関数

金額が増えてくると角度が平たくなってくる。つまり100円と110円の差は敏感だが10000円と10010円の差はあまり感じないということ

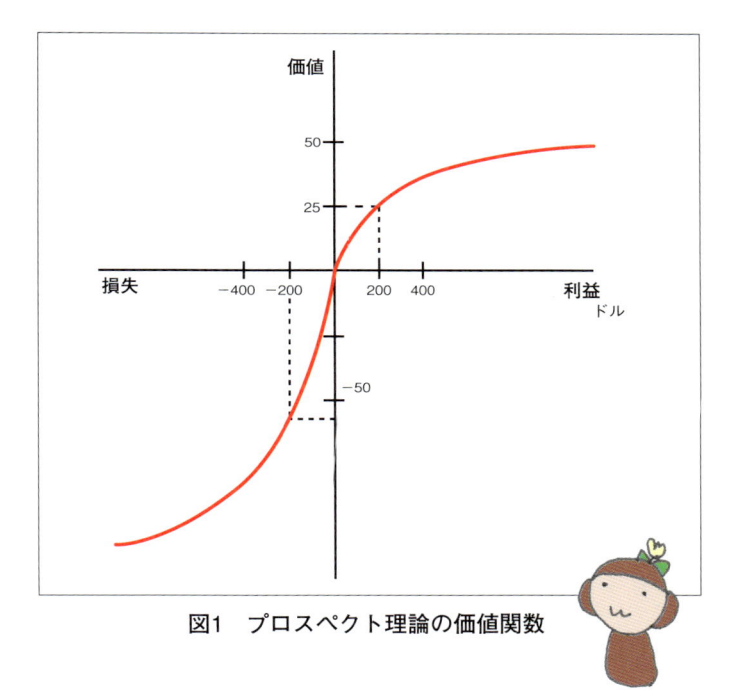

また利益と損失では価値の感じ方が違う。図の200ドルのうれしさが「25」だったとして、200ドルの損失は「50」を少し超えるダメージがある

損失と利益の価値の差
～プロスペクト理論②／損失回避性～

前ページの**図1**を見ると、この理論は左右が対称ではないことがわかります。同額の利益よりも損失のほうが強く評価される（約2倍から2.5倍）傾向があるのです。ここから人の損失回避性が見てとれます。では実際に人の利益と損に関する差を、次の質問を通して考えてみたいと思います。

コインを投げた目によってお金をやりとりするゲームを行いましょう。コインの裏がでたらあなたは1,000円払わなくてはいけません。逆に表がでたら○○円をもらえます。あなたはいくらもらえたらこのゲームに参加しますか？

コインの裏がでる確率は1/2、表がでる確率も1/2です。したがって裏がでた場合、あなたは1,000円を払うとするならば、表がでたら1,000円をもらうのが公平な賭けになります。しかし、人は損失回避性が強く、1,000円を失う痛みと1,000円を得るよろこびは同じとは考えません。したがって、この条件では積極的に賭けをしたくないと考える人がほとんどです。そこで問題のように1,000円にいくら上乗せすると、1,000円を失う痛みと同じと考えるかで簡易的にわかるはずです。

この質問を594人（男性404人、女性190人／10代～70代）に依頼し回答を得ました。すると全員の平均金額は2,499円となりました。1,000円払うダメージと約2,500円をもらうよろこびがほぼ同一ということです。1,000円の場合、損をする気持ちは得をしたときの気持ちと比較して2.5倍も強いのです。そしてこのデータをもう少しくわしく見てみますと、男性の平均が2,355円なのに対して、女性は2,804円となりました。どうやら約450円分、女性のほうが損をしたくない気持ちが強いようです。女性は昔から男性よりも損得に敏感といわれています。

大きな差ではありませんが、男性は女性の特性を理解することが大事です。女性に損を感じさせないように行動することが、男性にとってもいい結果を生むと思われます。職場やプライベートでも男性は女性に損を感じさせないように注意しましょう。

第2章のまとめ

・人には「自動システム」と「熟慮システム」という2つの判断システムが並行して動いている

・私たちは明確な手がかりがないときに用いる発見的方法「ヒューリスティックス」を使ってものを判断するが、これがたまに間違いを生む

・ヒューリスティックスには、「アンカリング」「利用可能性」「代表性」といったものがあり、それによって得られる判断にはバイアス（偏り）がともなうと説明がされている

・私たちはなにかを予測するときに、最初に提示された数字の影響を強く受ける。これを「アンカリング効果」という

・高価なリングを見たあとで安いリングを見ると、とても安く感じる。そのまま安いリングを買っていき、バレると怒られる。これを「安価リング効果」という

第 3 章

私たちはなんでも「比較」し、そして「マネ」をしたがる

私たちの基本原理は「比較」をすることです。なにかとなにかを比べて得をするのか損をするのかを決めて行動に移します。ここでは私たちの比較構造にまつわる話、そしてマネをする同調行動について解説します。

私たちはなんでも比較する
～分析の基本は「比較」～

前章では「直感」のミス、自動システムが生むヒューリスティックとバイアスを中心に解説しました。続いては熟慮システムの判断について特徴的なことを説明します。熟慮システムの基本的な動作は「ＡとＢは違う」のか「ＡとＢは同じ」のかを判断することです。新しいＢという情報を得たときに、事前に知っているＡと比較して「違う」か「同じ」かを判断します。そして「違う」ならなにが違うのかをさらに比較して考えます。

たとえば、新車と価格の話をしましょう。あなたは新車を買おうとしました。カタログを見て、なんとなくほしい新車が見つかりました。この価格が150万円だったとします。この価格がBです。そこであなたは過去の記憶から、一般的な新車のイメージと性能と価格を思いだし比較します。それがＡです。ＡとＢを比較して「同じ」ならＢの価格は妥当と感じるでしょうし、Ｂのほうが高ければBは「違う」→「高い」と思います。こうした比較が私たちの基本的な判断になります。あふれる情報の中から無意識に選別し、意味があるものだけを抽出することもあります。こうした処理はさまざまな脳の場所で処理されています。

判断の基準になるＡは特に重要で、したがって前章の「アンカー効果」は判断にとても強い影響を与えてしまうのです。Ａがない場合は「同じ」か「違う」のかがわからず、つまり高いのか安いのかもよくわからなくなります。お金の判断だけでなく、人の顔の判別も同じです。知っている顔ならば瞬時に「同じ」と処理されますが、髪型が違っていたり、メイクで印象が変わっていたりすると、分析に時間がかかるようになります。人は人の顔を判別することにとてもすぐれていて、脳細胞のなかでも人間の顔を判別する細胞はとても発達しているといいます。同じ人種の国民、日本人ならば日本人の顔の違いは微細な変化にも敏感に反応します。海外のサッカー代表選手はみんな似ているように見えても、いつも見ている日本人なら、本人とそっくりさんの違いはすぐに見抜けます。

　本章ではこうした人の比較にかかわる判断が生む行動と同調に関する判断、不思議な偏りの話を中心にお話ししたいと思います。まず人はなにを比較して幸せを感じるのでしょうか？　お金の影響力と「幸福度」の話から始めましょう。

人は他人との比較で幸福度を感じる
～相対所得仮説①～

私たちは幸せに生きているでしょうか？

自分が幸せと感じるものは、人それぞれ違います。大事な家族といるとき、やりがいのある仕事をしているとき、おいしいものを食べているとき、大きなお金を手に入れたとき……。

戦後、私たち日本人の多くは経済成長することが幸せになるという神話を信じて働いてきました。ところがデータを見るかぎり、そうとはいえません。1960年代からGDP（国内総生産）は4倍にも成長していますが、国民が感じる生活満足比率はほとんど変わっていないのです。またお金をもっていれば幸せを感じるかといえば、そうでもないようなのです。年収と幸福度に関するあるアンケート調査によりますと、年収が上がると幸福度も上がりますが、一定の年収になると今度は幸福度が下がる現象が見られます。お金をもつことで、もつなりの別の苦労が生じるようです。生活の豊かさと幸福度はかならずしも一致するものではないようです。

私たちは絶対的な収入金額でなかなか幸せを測ることができないのですが、他人と比較することで幸福度を測ることがあります。これを「相対所得仮説」といいます。

現在20代の幸福度には不思議なことが起きているようです。バブル崩壊、リーマンショック、就職難や高い失業率が迫っているというのに、生活の満足度は低くないのです。これは不況の状態しか知らず、自分だけでなく周りもみんな厳しい状態なので、その状態と比較して特に不幸であると考えないようなのです。

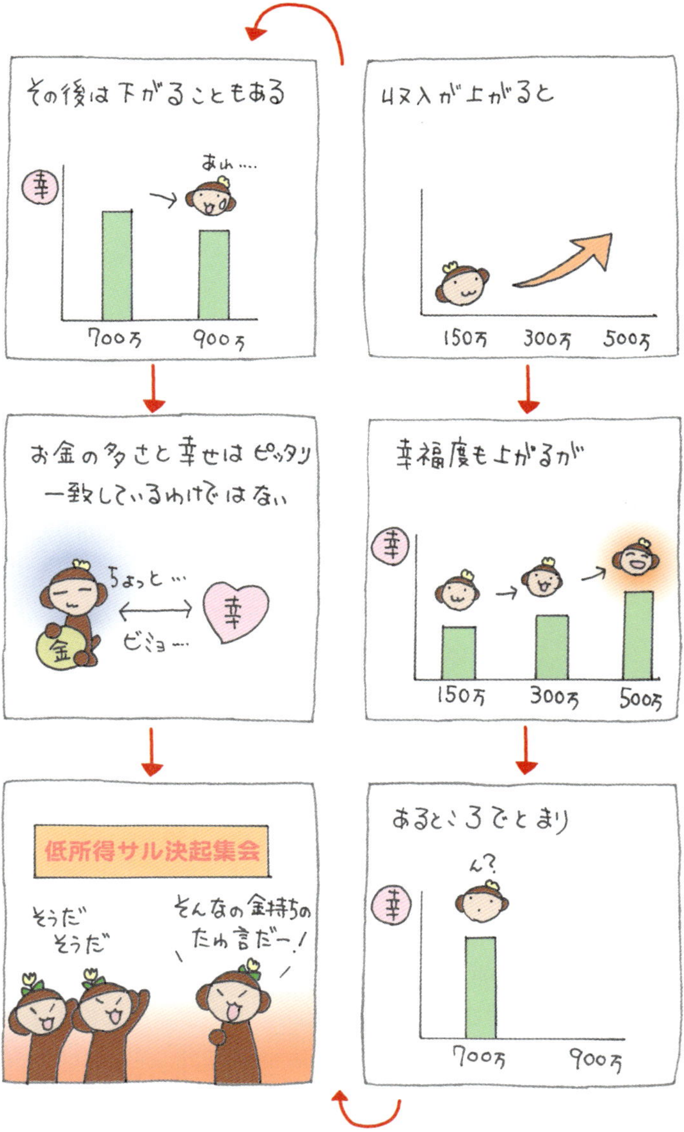
収入が上がると
150万
300万
500万
幸福度も上がるが
幸
150万
300万
500万
あるところでとまり
ん？
幸
700万
900万
その後は下がることもある
あん….
幸
700万
900万
お金の多さと幸せはピッタリ
一致しているわけではない
ちょっと…
ビミョー…
金
幸
低所得サル決起集会
そうだ
そうだ
そんなの金持ちの
たわ言だー！

人は他人との比較で幸福度を感じる
～相対所得仮説②～

給料の多さと幸福度の間には、私たちが想像するほどの関連性はありません。ほとんど関係ないという研究者もいます。しかし、多くの人は高い給料を目指してがんばっているように思えます。実際、いまの給料に満足している人よりも、不満に思っている人のほうが圧倒的に多いのです。それは少し不思議な状態です。

特に人は他人の給料にも敏感です。それも同級生の給料、同期の給料、同じ部署にいる人の給料など、直接、自分と関係する人の給料を知りたいと考える人が多くいます。これは単純に「収入金額」ではなく、給料という基準で比較した「評価」を知りたいと考えている人が多いのです。自分は会社から認められているのか、大事にされているのか、自分の価値を認めてもらえているか、誰もが気になる問題です。いまの給料に満足しているわけではありませんが、単純にたくさんの給料を求めているわけでもありません。人は不思議で少しめんどくさい生き物です。

30代、40代の高校、大学の同窓会では、男は悲しいぐらい「給料の自慢」と「妻の若さと美しさ」をアピールします。これは人の認証欲求ともいえます。自分の価値を認めてほしいのです。仕事ができると思われたい、すごいねといわれたいのです。特に男性は女性よりもこうした欲求を強くもっています。「同じ業種のライバル会社だと年収はいくらで、友人の誰はいくらもらっている」、そんな話をよくする男性はめずらしくありません。たまには立ち止まって自分の満足感はどこにあるのか、本当にお金なのか？冷静に考えるほうがいいかもしれません。

収入と幸福度は
そんなに関係ないらしい
?
収入
幸せ
しかし みんな 高収入を
めざしてがんばっている
ムキー
私はケイザイヌ
合理的な男
私にとって高収入こそが
すべて 安い評価はいらない
よし
これから
これから
給料明細
めざすところはまだ上
私が高いのはまだまだ…
血圧 だけ…
160
98

1,000円はいつも1,000円とはかぎらない
～商品価格の比率でお金の価値は変わる①～

標準的な経済学では1,000円の価値はいつも同じと考えます。その話は本当でしょうか？　いや1,000円の価値はいま財布にいくらお金が入っているかでも違うし、どうやって稼いだものかでも異なります。

カーネマン教授とトベルスキー教授が実施した実験からお金の相対的な価値について考えて見みましょう。

Q1「25ドルの万年筆を買おうと思ったが、15分歩いたところに、別の店がセールをやっていて、同じものが18ドルで買えるのを思いだした。あなたならどうしますか？」
Q2「455ドルのスーツを買うことにしましたが、15分歩いたところで同じスーツが448ドルで売られているのを知りました。あなたならどうしますか？」

すると万年筆はほとんどの人が7ドル別の安いお店に買いにいき、スーツはほとんどの人が別の店に行かなかったといいます。万年筆の7ドル割引は、商品の価格と比較すると比率が大きいためにとても大きな割引率に思えます。15分という時間をかけても安い店で買いたいと多くの人は思います。ところがスーツの場合、相対的な割安感が低いので、同じ7ドルでも安さを感じにくく、7ドルを余計に払うといいます。

確かに人は値引き金額よりも値引き率に値ごろ感を感じますから万年筆は安いものを選ぼうとしますし、スーツはあまり魅力

的ではないでしょう。ただ「ほとんどの人」というのもどうも信憑性が薄いし、7ドルという設定もなかなか日本人にピンとこないので、独自に下記のような実験をしてみました。

Q3「あるメーカーのメモリーカードが、家から歩いて10分のところにあるA店で5,000円という値段で売っていました。ところがさらに10分歩いたところにあるB店ではセールをしていて、同じものが4,000円で売っていました。さてあなたはB店に買いにいきますか？」

Q4「ノートパソコンが家から歩いて10分のところにあるA店で14万9,000円という値段で売っていました。ところがさらに10分歩いたところにあるB店ではセールをしていて、同じものが14万8,000円で売っていました。さてあなたはB店に買いにいきますか？」

5,000円と14万9,000円における「1,000円の価値」と10分の徒歩を比較した質問です。7ドルは感覚的によくわかりませんが、1,000円ならばよくわかるはずです。5,000円に対する1,000円の比率は20%なのに対して、14万9,000円に対する1,000円の比率は0.67%にしかすぎません。

あなたはどうでしょう？　いっしょに考えてみてください。

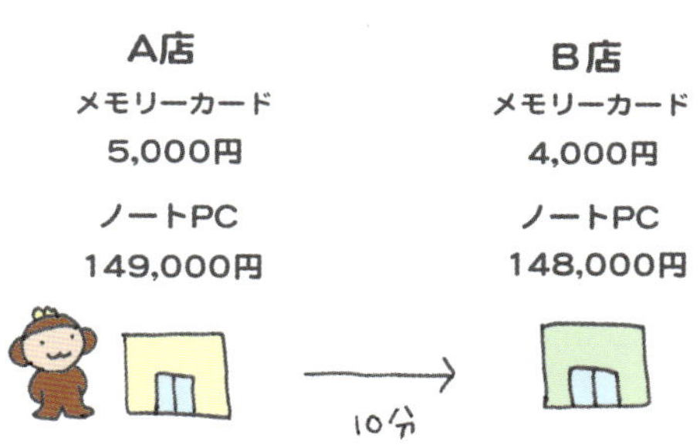

1,000円はいつも1,000円とはかぎらない
～商品価格の比率でお金の価値は変わる②～

前ページの質問Q3とQ4を932人（男性645人、女性287人／20代～70代）の方にお願いして回答を得ました。

A店で売っている5,000円のメモリーカード、10分歩いてもB店の4,000円で買うと回答した人は92.4％。そのままA店で買うというのはわずか7.6％の人でした。20％の割引率は大きいようです。続いて14万9,000円のノートパソコン、10分歩いてもB店の14万8,000円で買うと回答した人は73.8％。そのままA店で買うと回答した人は26.2％でした。カーネマン教授とトベルスキー教授のように「ほとんどの人」とはいきませんでしたが、同じA店で買う人は7.6％から26.2％へと増え、18.6％の人がB店に流れました。同じ1,000円でも相対的な割安感で結果が変わってきます。

実はここで話は終わらず、最近の購買を語るならA店でもB店でもなく、インターネットショップは避けて通れません。そこでさらに「同じノートパソコンがいつも使うネットショップで15万円という値段で売っていることを知りました。送料は無料です」という質問を加え、どこの店舗で買うかを聞いたところ、高くてもネットショップ（15万円／ポイント割引などは考慮しない）で買うと回答した人は25.6％、A店（家から10分／14万9,000円）で買うと答えた人は20.0％になり、もっとも安いB店（家から20分／14万8,000円）で買う人は54.4％となりました。B店より高くても、ネットショップやA店で買う人が45.6％になりました。利便性と価格、商品の相対的な割安感で選ばれる商品が変わります。

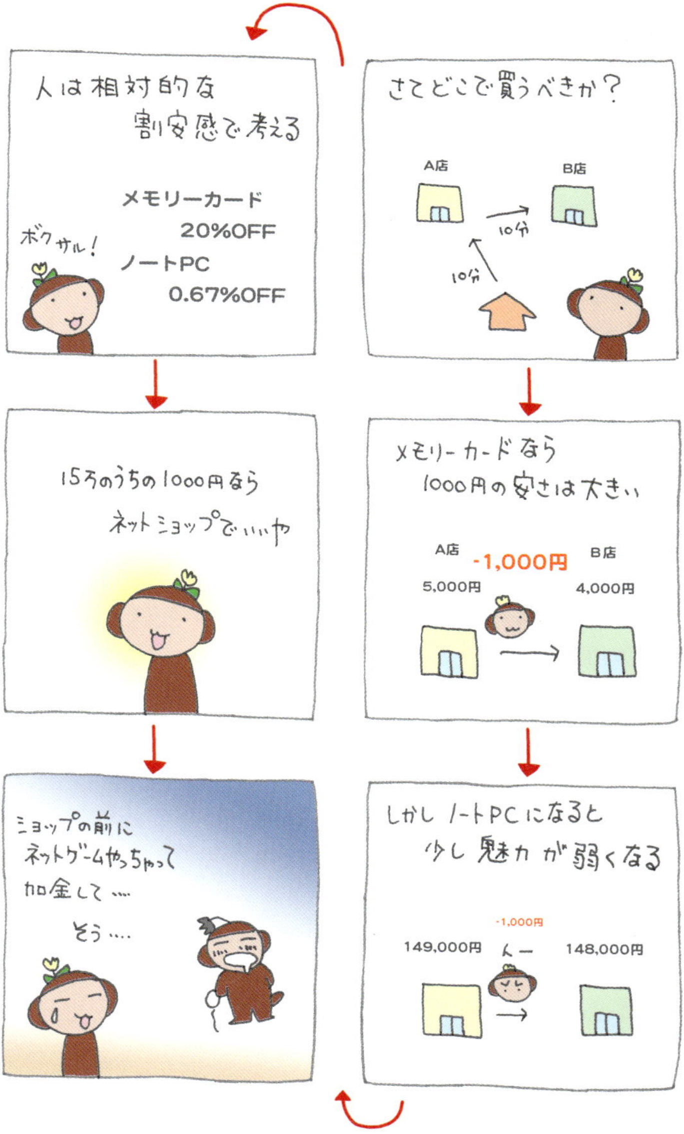
さてどこで買うべきか？
A店
B店
10分
10分
メモリーカードなら
1000円の安さは大きい
A店
-1,000円
B店
5,000円
4,000円
しかし ノートPCになると
少し 魅力 が 弱くなる
-1,000円
149,000円
んー
148,000円
人は 相対的な
割安感で 考える
メモリーカード
20%OFF
ノートPC
0.67%OFF
ボクサル！
15万のうちの1000円なら
ネットショップでいいや
ショップの前に
ネットゲームやっちゃって
加金して……
そう……

ものの価値は今日と明日では大きく違う
～双曲割引／私たちが感じる価値と時間の関係～

1,000円は商品の比率によって価値が大きく異なると説明しましたが、時間によっても価値が変わります。たとえば今日1万円もらえたとします。今日もらわなければ、明日以降いつでももらえるとします。人はたいてい「今日」もらいたいと考えます。未来よりもいまの幸せを重く見ます。これは本来普遍的な1万円というお金の価値が、未来では下がってしまうことを意味します。ところがこの1万円の価値は、均一に低下していくわけではありません。今日と明日では大きく違います。しかし1年後（365日後）と1年＋1日後（366日後）ではほとんど変わらない価値になります。「今日と明日の違いは、明日と明後日の違いより大きい」ということです。ものの価値は「いま」と「少しあと」では大きく下がり、「そのあと」「ずっとあと」までゆるやかに下がっていきます。この概念を「双曲割引」と呼びます。

この割引率はダイエットや禁煙の難しさで説明できます。ダイエットや禁煙がいいのはわかっていますが、将来の利益よりも「もう1杯だけ」「もう1本だけ」といまの心地よさに手をだしてしまいます。未来の価値より、いまの価値のほうがはるかに大きいのです。私たちは「いま」の価値を高く見積もるのです。

そしてこの割引効果はとても個人差があります。割引が大きい人もいれば、小さい人もいます。一般的に割引効果は所得が高い人ほど小さく、男性のほうが大きいといわれています。食費を多く使う人、ギャンブルをやる人も大きいといわれています。

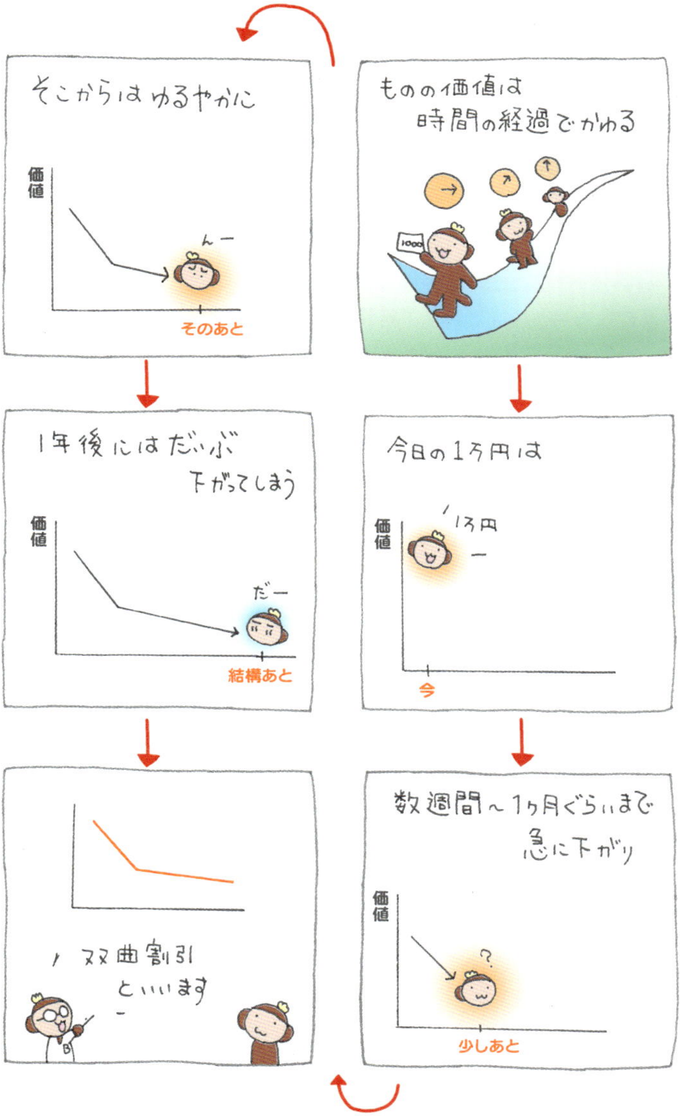
ものの価値は
時間の経過でかわる
1000
今日の1万円は
価値
1万円ー
今
数週間〜1ヶ月ぐらいまで
急に下がり
価値
?
少しあと
そこからはゆるやかに
価値
んー
そのあと
1年後にはだいぶ
下がってしまう
価値
だー
結構あと
双曲割引
といいますー

あなたの投票はコントロールされているかも!?
～断片的な情報による危険な選択～

1つ問題です。次の2人が選挙にでてきたとします。さてあなたはどちらを選びたいですか？

A:学生時代に成績証明書の改ざんを行ったことで学校を退学になり、クラスメイトから「詐欺師」と呼ばれていた。成人してからは闇の商売で資産を拡大し、快楽主義者でプレイボーイだった。

B:画家を目指すも古典的な絵が認められず成功しなかった。菜食主義者でタバコを嫌い、愛国者でたまにビールを1本飲んで、禁欲的な生活を送っている。

Aはオスカー・シンドラーでBはアドルフ・ヒットラーです。シンドラーはナチスの虐殺から多くのユダヤ人を救った人として有名で、ヒットラーはナチスの指導者です。しかし、このように一部の情報を切り取ると、ヒットラーのほうが信頼できる人に思えてしまいます。なぜ信頼できそうだと感じるかといえば、この紹介文が典型的な「よい人」のイメージになっているからです。代表性ヒューリステックスの罠がここにあります。

「よいところと悪いところを抽出して比較しているんだからあたり前」と思われるかもしれません。しかし、実際の選挙でも特定の候補を支持していない層の人は、これと似た行動をとることが確認されています。テレビでの発言や報道の印象に残る一部を切り取って、「あの人は誠実そう」といったぐあいに、偏った判断をしてしまいがちです。候補者の真実の姿をじっくりと見て判断しようとせず、断片的な都合のよい情報で人を選んでしまいがちです。政治家の不正問題があとをたたないのは、政治家側のイメージ操作の影響を強く受け、私たち有権者が簡単に表層的なトラップにかかってしまうこともあるでしょう。自分で選んでいるつもりになっているだけで、その投票は実はコントロールされているのかもしれません。

また選挙で「投票したい」という気持ちになると、相手のポジティブな部分に目がいくようにできていて、悪いところに目をつむる（許してしまう）傾向があります。さらに誰かが勝ちそうになると勝ちそうな人を応援したくなる「バンドワゴン効果」と呼ばれる心理効果も働きます。

私たちは政治家の「よい部分」「悪い部分」の両方をしっかりと見て、冷静に判断していく必要があります。いいかげんな選択は、最終的に私たちに降りかかってきます。

選択肢が多いと人は選ばなくなる
～選択肢の過多／スーパーのジャム販売実験～

なにかを選ぶときは選択肢が多いほどよいといわれています。選択肢が多いと自分がもっとも得する選択を選びやすく、選択に満足することにつながります。ところが経済行動学で考えるとそうともいえません。

コロンビア大学ビジネススクールのシーナ・アイエンガー教授とスタンフォード大学のマーク・レッパー教授は、選択肢の数と購買意欲に関する実験をしています。彼らは北カリフォルニアにあるスーパーマーケットにジャムの試食ブースをつくり、6種類のジャムと24種類のジャムを並べて買い物客の反応を調べるという実験を行いました。6種類のジャムが並べられていたときは買い物客の40％が試食しましたが、24種類のときには60％の人が試食しました。しかし、驚くのは実際の購入率です。6種類のジャムは買い物客の30％が購入しましたが、24種類のジャムでは3％しか購入につながらなかったのです。

この実験は、選択肢が多いほど魅力を感じて注目を集めることはできますが、実際に購買になると迷ってしまい購入意欲が削がれてしまうということを表しています。

私たちはなんでも比較するのですが、比較する基準がわかりにくかったり、比較するものが多すぎたりすると比較することをやめてしまう傾向があるのです。居酒屋に行ってメニューがありすぎるとうれしいと思う反面、注文を決めることがめんどうになり、店員さんに「オススメは？」と聞いたことはありませんか？　選択肢は多ければよいということではないのです。

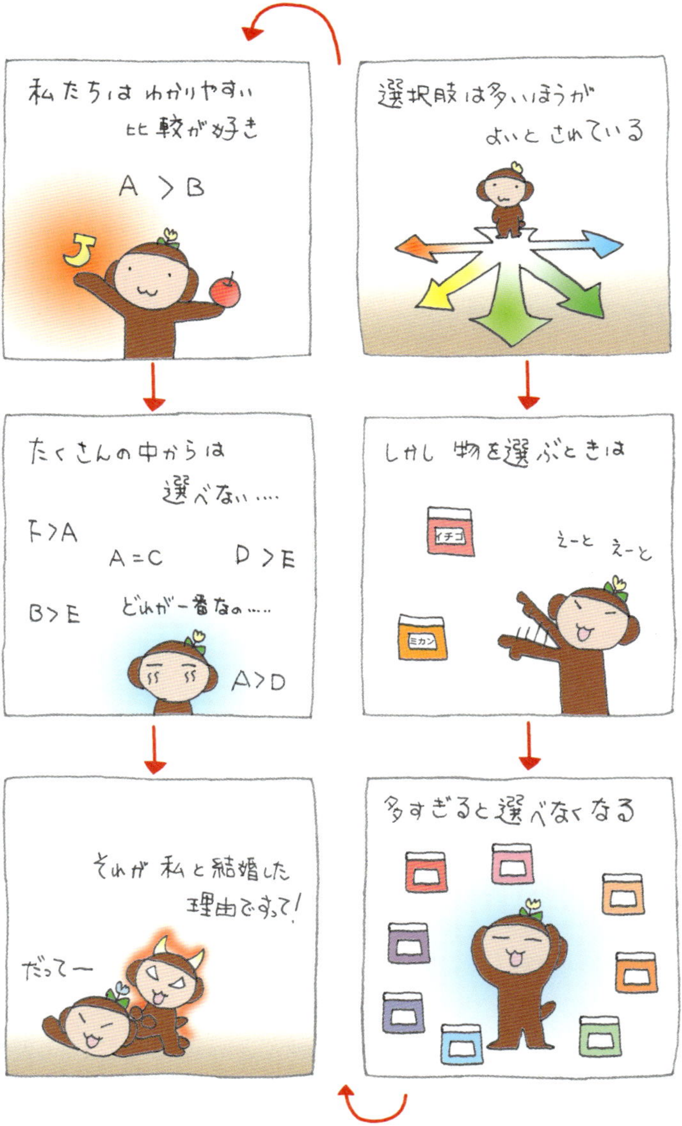
選択肢は多いほうが
よいとされている
しかし 物を選ぶときは
イチゴ
ミカン
えーと えーと
多すぎると選べなくなる
私たちは わかりやすい
比較が好き
A > B
たくさんの中からは
選べない….
F>A
A=C
D>E
B>E
どれが一番なの……
A>D
それが 私と結婚した
理由ですって!
だってー

なぜ携帯電話のプランは複雑なのか?
〜他社変更をさせない仕組み〜

日本の携帯電話の総契約件数は約1億4,000万件(2014年)、一方、日本人の人口は約1億2,700万人。携帯電話は国民1人1台以上もっている計算になります。商品が広く普及し、商品の利便性が上がることを「ネットワーク外部性」といいます。メールアプリのLINEや投稿情報サービスTwitterが普及した背景もネットワーク外部性が大きく影響しています。ある一定の普及が進むと、今度はもっていないこと、利用していないことが大きな不利に感じてしまい、孤立感を生むようになり、普及に推進力を与えてしまうのです。

携帯電話は普及を続けていくなかで、新しいプランが次々に発表され、新しいサービスが生まれています。プランやオプション、キャンペーンもあり、実に複雑です。いまでは新規契約した利用者がプランとオプションの話を聞きに正規代理店に行っても店員もよくわからず、携帯電話会社のコールセンター担当者も曖昧な感じという不思議なサービスになってしまっています。販売している社員までよくわからないほどに複雑化しているのです。

これは表向きには新しいサービスを続けていくことで、新しい顧客の開拓をするという狙いがあります。ところが裏向きの話として、プランを複雑にすることで、他社と比較されにくくして、他社への乗り換えを抑えるという背景があります。条件がそろわない複雑な比較を人は不得意としており、比較することをやめてしまうのです。現在維持バイアスも加わり、他社に流れる可能性が低くなります。さらに年間契約やポイントの授与などによる囲い込みを行い、より他社に移行しにくくしているのです。

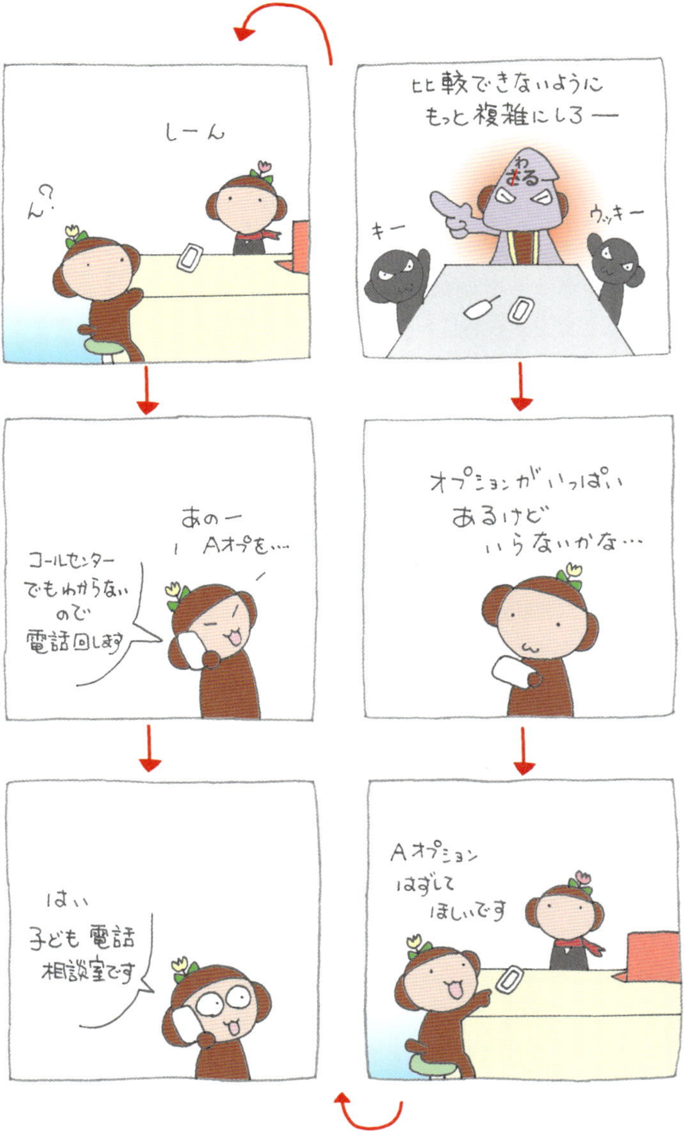
比較できないように
もっと複雑にしろー
~~さ~~わる
キー
ウッキー
オプションがいっぱい
あるけど
いらないかな…
Aオプション
はずして
ほしいです
しーん
ん？
あのー
Aオプを…
コールセンター
でもわからない
ので
電話回します
はい
子ども電話
相談室です

「無料」の魔力と危険性
～「無料」の効果、その危険性と未来①～

私たちの判断の基本システムとなる比較は、いろいろなものに影響を受けます。特に比較する片方が「無料」となると、必要以上に魅力を感じてしまい、過剰に反応してしまいます。購入を検討していなかったものでさえ、無料になったとたん非常に興味がわいてきて、無料商品を手にすると強い満足感を生みます。

2014年に行われたアプリの「有料」「無料」の比較調査（ライフメディア調べ／有効回答数3600人）では、「有料」のアプリをダウンロードしている人は約20％に対して、「無料」のアプリは85％でした。圧倒的に無料アプリは使われています。

アマゾンは数年前、1回の購入金額が1,500円未満の注文に関しては、顧客から送料として300円を徴収していましたが、期間限定として書籍全般の送料を無料化しました。1,500円以上にするためにあまりほしくもない本を買える人はさておき、「1,500円以上にならないから買わない」と買い控えていた人には大きな魅力に映りました。送料無料は顧客の潜在ニーズ掘り起こしに想定以上に効果があり、売り上げ拡大に貢献。その後対象商品を拡大し、恒常的な送料無料化が進みました。実績の数字については明らかにされていませんが、過去の販促キャンペーンのなかでも売上拡大面で大きな効果があったといわれています。こうした傾向からほかのジャンルを販売するネット販売事業者にも送料無料化が広がったのです。そしてファッション通販の送料無料は大きな話題となり、新規顧客と売上増に貢献しました。特に「無料」の効果は、女性に強く働く傾向があるので、多くの女性が利用しているネットショップでは強い効果が見込めるのです。

比較するものの中に
「無料」があると
A 100円
B 500円
C 0円
強く反応してしまう
A 100円
B 500円
C 0円
ぜったいコレ
無料の効果は強い
ハァ～幸せ…
C 0円
他のほうがお得でも…
500円 → 200円（300円お得）
100円 → 0円（100円お得）
私、無料が
大好きすぎて
0円
お金を
払ってもいい
0円

「無料」の魔力と危険性

～「無料」の効果、その危険性と未来②～

なぜそこまで私たちは「無料」に惹かれるのでしょうか。「タダというのが、もっとも得をする選択だから」と思う人が多いかもしれません。でも実は「得」というよりは、「損」にかかわっている可能性が強くあります。人は損失回避の傾向が強くあり、「無料ならば失敗してもダメージはない」と考え、無料に飛びつくのだと多くの研究者は考えています。無料が女性に強い効果として働くのも、女性が男性よりも損失回避性が強いためだと考えられます。失敗してもいいという安心感が、必要以上に私たちに「無料」の魅力を伝えているのです。

無料にかかわる人間の行動について、1つおもしろいデータを紹介したいと思います。スマートフォン用のある複数の有料アプリがあるイベントでダウンロードを24時間無料化しました。話題性もあり、多くのアプリが無料期間に数万ダウンロード増になったといいます。ところがおもしろいのは、無料化が終わり有料に戻ったあとも多くのアプリで売り上げが伸びたということです。1日6倍もダウンロードが増えたという結果もあります。口コミやダウンロードランキングが急上昇したことで、「このアプリはおもしろい」と多くの人が認知し、失敗しないとわかったために有料でもダウンロード数が伸びたのかもしれません。

ただし「無料」には毒になる部分もあります。送料無料にすることで運営会社の経費を圧迫することになるからです。それに加えて恐ろしいのは、「無料」がアンカーになってしまうことです。送料300円のところに「送料無料」となると、多くの人が飛びつきます。それは送料300円が判断の基準点となるアンカーになっていたからです。アンカーはP.70の実験が示すように最初のアンカーが強く働き、ひんぱんには変化しません。強い効果はしばらく続きますが、その効果は永遠ではありません。数カ月、1年、数年と長い間、無料が続くといつか無料がアンカーになる可能性があります。初めてネットで買う人たちには、無料がすでにアンカーになっている可能性もあります。無料はあたり前になり、優位なサービスではなくなってしまいます。そこで各社は収益を確保するために通常発送を無料にしたまま、特急対応を有料化するなどの新しいサービス展開を進めています。大手宅配業者は人件費高騰や燃料費の高騰を受けて値上げ傾向にあります。通常の送料を有料にすると予想以上に反発されるのが想定されるため、付加価値で経費を補填していかないと厳しいのが現状です。

アメリカのアマゾンでは年会費を払うと特急で送料が無料で商品が届く会員制サービスが好調で、大幅な増収増益となっています。会費は79ドル（日本では3,900円）と決して安くありません。しかし注文後、商品到着まで数日から1週間以上も要するアメリカでは、注文後2日以内で商品が届く（日本では注文当日に届く）というメリットは絶大です。商品は時間割引がなされるので、明日よりも今日の商品価値のほうが高いのです。年会費制にすることで注文ごとに送料は加算されず、それは無料になるかのごとく錯覚を生みます。そして、このシステムがすぐれているのは30日間の無料お試しがあることです。一度、軽く体験した人は現在維持バイアス効果により、継続して続けたくなってしまいます。会員制にしたことで、アマゾン以外のネットショップでの購入流出も防げます。行動経済学的にすぐれたシステムといえるでしょう。

より確実なものに惹かれてしまう
～確実性効果／確率よりも優先される安心感～

私たちの比較はいつも正確というわけではありません。いつも正しく自分が得するほうを選べなくなってしまうこともあるのです。下のようなゲームに参加することになりました。あなたはどちらを選択するでしょう、直感的に答えてください。

A：5,000円が80%の確率でもらえる
B：6万円が8%の人にもらえる

この質問には594人(男性404人、女性190人／10代～70代)中、522人(87.8%)がAを選びました。ではゆっくり考えてみましょう。Aの5,000円が80%の期待値は、5,000×0.8で4,000円です。一方、Bの6万円の8%の期待値は、60,000×0.08で4,800円です。つまりもらえる期待値は4,000円＜4,800円で、Bのほうが800円も高いのです。にもかかわらず9割に近い人がAを選んだのです。しかし、これは不思議なことではありません。人は確率にある主観的な重みをつけて考えることがあるのです。確率が「55%」「63%」といった場合ではなく、0%や100%に近い数字になるととても敏感になるのです。今回の場合はAの80%という確率から、本当に5,000円がもらえる気分になってしまい、Bの8%はもらえない感じを強くもってしまいます。期待値ではBのほうが高いのに、より確実にもらえるAのほうが得すると感じるのです。

ではこの問題をもっと極端な例にしてみましょう。

C:5,000円が確実にもらえる
D:6万円が10%の人にもらえる

この選択肢ではもらえる期待値はCの5,000円に対して、Dは6,000円です。先ほどよりも差がでました。よりDがお得になったので、本来ならばDを選ぶ人が増えるはずです。ところが先ほどと同じ人にこの質問をしたところ、535人(90.1%)の人がCを選んだのです。ここに標準的な経済学で考えると矛盾が生じてしまいます。しかし人は「100%」という確率に敏感に反応してしまい、Cを選択する人が増えてしまうのです。これを「確実性効果」といいます。確実にもらえるものは強い安心感を生み、損得を超えて選択されやすくなってしまいます。

初期設定をオススメだと思ってしまう
～デフォルトの効果～

私たちはなんでも比較したがるくせに、ややこしい比較はしないという変な特性があります。そんな特性は初期設定（デフォルト）を優先するというかたちで現れます。

2000年にスウェーデンで新しい年金制度がスタートしました。この年金の特徴は選択の自由が最大限尊重され、できるだけ多くの選択肢を提供し、受給者が好きなように選べることにあります。受給開始年齢は61歳以上であれば何歳でもよく、加入者は積極的に650ある運用ファンドのリストのなかから最高5つのファンドをチョイスでき、独自のポートフォリオを組むことができるのです。そして自分で選択しない人のために1つのファンドがデフォルトとして設定されていました。加入者は自分でファンドを選ぶようにすすめられていたので、運用開始時には約70％の人が積極的に自分でファンドを選択してポートフォリオをつくりました。ところが翌年から積極的に自分で選択する内容の宣伝をやめ、政府のデフォルトファンドが高いリターンをだすようになると、翌年に積極的に選択する人は17.6％まで落ち込みました。その後徐々に低下し、2006年には8％にまで落ち込んでしまったのです。

人は複雑な比較を前にすると、「選択しないという選択肢」を選びやすくなるのです。そうしてデフォルトがいちばん楽な選択肢であるということだけでなく、デフォルトがいちばんのオススメなのだと考えてしまうようになります。デフォルトの設定は慎重にしないと多くの人が選ぶ可能性が高いのです。

私たちはむずかしい比較が苦手で
A
E
D
B
C
F
この中から3つえらぶの?
デフォルトを選びたくなる
これでイイヨ
A
B
C
基本パック
串焼
焼魚
クスクス
田楽
酢の物
多すぎてわかんねー
メニュー
このお任せもりあわせで
ヘイ
ヘイ! オマチ
お任せしすぎた!
100本セットです

人はつい人に流されてしまう
～同調行動①／アッシュの実験～

人は比較する対象がよくわからなかったり、情報が不確かだったり多すぎると、比較を放棄してしまう傾向があります。オススメのデフォルトがない場合は、もっと安易な選択をすることもあります。それは他人のマネをして、判断をしないという方法です。

簡単な例は有名店の行列です。多くの人は行列を見ると、時間もかかるしめんどうだから並びたくないと考える一方で、他人がなにかの根拠で並んでいる行列の先には、きっとすばらしいものがあるに違いないと思い込む傾向があります。人は他人と同じことをすると妙な安心感に包まれます。これを「同調行動」といいます。関西人よりも関東人のほうが同調行動に陥りやすいことがわかっています。同じ日本でも関西人は行列に対する時間の損失に目がいきやすく、関東人のほうが行列に並ばない場合に周囲から取り残された感をもちやすいようです。行列の話はこのあとP.132でもくわしく紹介しますが、その前に人間の同調行動に関する有名な実験を1つ紹介します。心理学者ソロモン・アッシュが行った3本の棒を選ぶというものです。基準の棒を見せて、同じ長さの棒を3本のなかか選んでもらいます。さてみなさんもやってみてください。左の基準棒と同じ長さはどれだと思いますか？

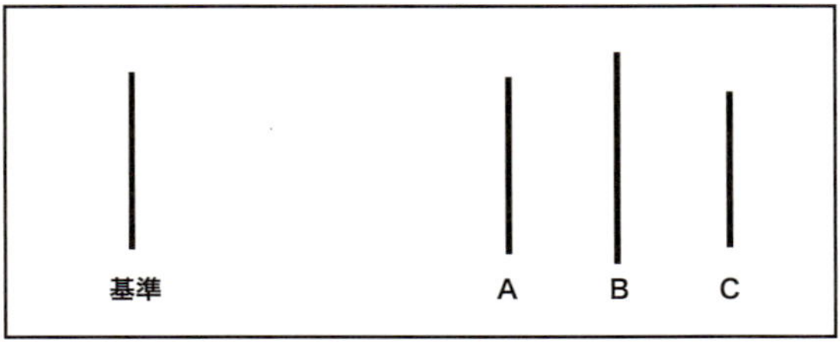

前ページの問題は簡単だったと思います。答えは「A」です。実験でも全員「A」と答えました。ところがアッシュは別のやり方でも試してみました。部屋に8人の実験参加者に入ってもらい、同じ質問をします。ところが1人を除いて全員サクラで、わざと間違って「B」と答えてもらいました。すると残された1人はみんなの意見に流されてしまい、同じように「B」と答える人が32%もいました。さらに実験参加者が「A」と答えた場合、7人のサクラが信じられないという顔をしてプレッシャーを与えたところ、75%の人が少なくとも1回は同調したという結果もあります。

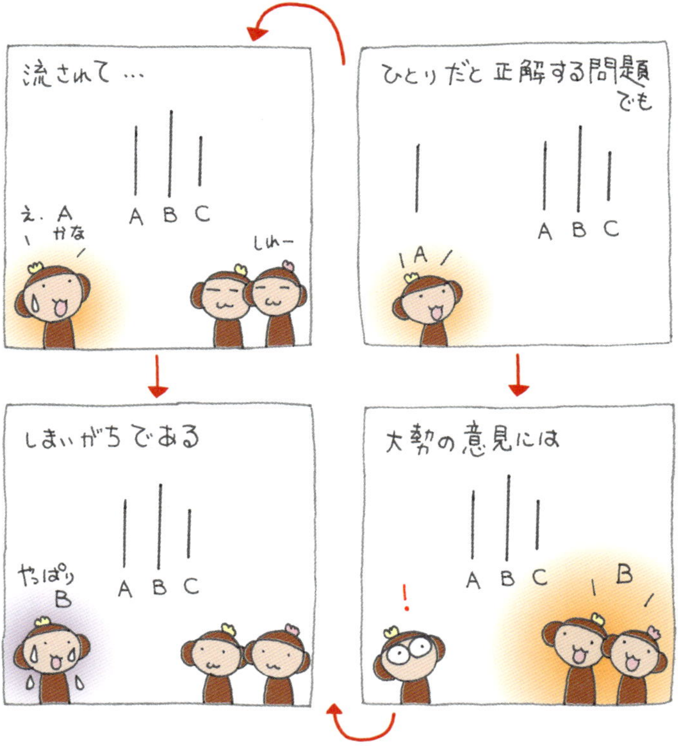

人はつい人に流されてしまう
～同調行動②／子どもは大人より同調しやすい～

問題の結果を受けてアッシュ自身も驚きました。実験後、同調した学生に話を聞くと、「みんなに非難されるのが嫌だった」とわかっていたのに仕方なく同調した人もいれば、「みんなの答えのほうが正しいはず」と本当に「B」だと思い込んだ人もいました。

こうした同調行動は精神的に未熟な子どものほうが取りやすいといわれています。大人はいろいろな世界をもっていますが、子どもが生活している社会は狭く、仲間外れは自分の世界そのものを失うことと同義です。仲間と同じ行動をしないと仲間外れになるという恐怖感はとても強く働きます。生物的にいっても子どもは模倣しながら成長するのです。

小学校で行われた同調行動の実験があります。小学校5年生の理科の授業のなかで、「種子の中には発芽に必要な養分が含まれている」という情報を子どもたちに伝えます。1週間後、授業参観日に「種子の中には養分はなく、外からあげると思う人」と先生が挙手を求めます。そしてサクラの子が先に手を挙げると、次第にクラスの生徒たちは手をあげ始め、ついには1人を除いて全員、挙手してしまいました。仲間の目に加え、両親の目があると「間違っている」と感じても、つい同調してしまうのです。

これは「悪い同調」「不合理な同調」と呼ばれています。「合理的な同調」は行列のように、自分が得するために行います。しかし「悪い同調」は、ときにいじめの発生原因の1つともされています。こうした同調に過度に慣れて育ってしまうと、社会人になったあとも上司から求められた理不尽な内容に同調してしまいがちです。

同調は子どもに起きやすい
ハイハイ
そう思うん
子どもにとって仲間はずれは大きな問題
うわ…
悪い同調の中に入らないよう
ボウソウしよーぜ！
う、うん…
大人は注意してあげたい
みんな意見がちがっていいんだ
だからなんでもみんなに合わせなくていいんだ
うん！
わかったらパチンコ行こう！

長い行列でも不快に感じないわけ
〜同調行動③／心理面を研究された行列〜

「待ち時間500分」

この絶望的な待ち時間は、2012年に浦安にある著名な水の王国で記録された行列の待ち時間です。長すぎてピンとこない人のためにフレームを変えてみます。8時間20分です。

この浦安にあるテーマパークは、どのアトラクションに乗るのも長い行列を並ばなくてはいけません。なぜ並ぶかといえば、その時間を使ったとしても、それ相応の対価があると考えるからです。さらに行列があることで、すばらしい体験ができるに違いないと思い込み、余計にワクワクしながら待ってしまいます。

このネズミがメインキャラのパークは行列を心理的に研究して、来場者を不快にさせないような演出を行っています。まずは当初から行列ができることを想定し、行列をクネクネと曲げ、アトラクション内部に入ってからもいろいろな場所を通そうと計画されています。行列はまっすぐ並ぶよりも、適度に曲がることにより、並んでいる景色が変わったり、他人の顔が見えたり、いろいろな情報によって気がまぎれて、長く感じないという効果があります。建物内部には隠れキャラクターなどが用意されているところもあり、そうしたものを探す楽しみをつくっています。

さらに最初に待ち時間を表示しています。渋滞情報も同じですが、人は不確実なものを与えられると都合よく解釈して、その差からイライラすることがあります。最初から時間を提示することによって、イライラ感が軽減されるのです。またこの行列時間は、時間を少し長めに告知しているのです。「60分待ち」と書かれたところを50分で通過できると、すごく得した気になりませんか？　実に人の気持ちをうまく使っているのです。

最後にもヒミツがあります。長い行列を待ったにもかかわらずアトラクションを体験したあとは、「楽しかった」と並んだ負の記憶を忘れさせてくれます。グッズのショップが最後にあるのもポイントです。これを行動経済学では「ピークエンドの法則」と呼んでいます。経験が快楽だったか苦痛だったかは、出来事の長さの比率ではなく、終了時と快苦のピークとの位置関係で決まってしまいがちです。アトラクションは楽しい記憶で終わるので、行列の負の記憶が残りにくいのです。

肥満や禁煙は伝染する
～同調行動を利用した告知～

近年、同調行動を好む人が増えています。自分で比較せず、安易に他人の判断に乗ろうとする人が多いのです。そのおもな理由の1つにネット社会化による「情報の入手しやすさ」があるでしょう。本を買うときもレビューが多い本がいい本だと判断しやすく、レストランも口コミの多さや内容で決める人が増加しています。実際、こうした人の同調行動化をつかんでいる企業は多く、すでに情報操作を進めていて、私たちがそれに踊らされることも増えてきました。いまや「口コミこそ信じられない情報」なのです。

しかし、そうはわかっていても、ついつい他人の行動や判断を気にしてしまうのが人間というものです。この同調行動はとても強い心理効果の1つです。

たとえば、肥満は伝染します。友人の体重が増えると自分の体重が増えるリスクが上がります。10代の少女が妊娠しているのを目にすると、自分も妊娠する可能性が高くなるといいます。友人が禁煙するといつの間にか自分も禁煙していることがあるといいます。株式市場で同調行動がよく見られます。ある株に買いが殺到してくると、理由もよくわからず便乗して株を買う人が増えます。

アメリカのミネソタ州で同調行動を使ったおもしろい実験が行われました。納税者を4つのグループに分けて、税金の使い道の情報を伝えました。1つめのグループには税金が教育や防犯に活用されていると伝えました。次のグループには納税しないと罰せられる危険性があると伝えました。次のグループには申告書の書き方や、わからない場合への連絡先を伝えました。そして最後のグループにはミネソタ州の9割の人がすでに納税義務を完全に果たしていると伝えました。このうち最後のグループが断トツで納税協力に効果が上がったといいます。「みんながしている」という説明は非常に強い行動動機を生むのです。

残念ながら日本ではこうした行動経済学や心理学的なアプローチがあまりありません。児童虐待防止や納税義務などは、罰則で縛ろうとしたり、義務を単純に促すものが中心です。先進国のなかでは日本はだいぶ遅れています。日本人は同調行動が得意な国民ですから、よいところはぜひ海外のマネをしていただきたいと思います。

みんなが自分のことを見ていると思う錯覚
〜スポットライト効果〜

私たちは意に反してついつい同調してしまうことがあります。それは上司などに従わないと直接的に損失をこうむるとわかっている場合だけでなく、他人が自分のことを気にしていると強く感じるときもしかりです。自分の服装がおかしいと思われないか？　冠婚葬祭のときにもっていく祝儀や御霊前の金額が常識外れで笑われないか？　そんな不安をもったことは誰でもあるでしょう。

学生に著名な歌手の顔が巨大にプリントされた少し恥ずかしいTシャツを着てもらう実験がありました。その姿で大人数がいる部屋に行ってもらい、その後、部屋にいたどのぐらいの人がTシャツの柄に気づいたと思ったかを尋ねたのです。するとTシャツのプリントに気がついた人は46%、誰の写真かわかったのはわずか21%の人でした。つまり、他人はたいして自分に注目していない、関心をもっていないことがわかります。にもかかわらず他人の目が気になり、人の目を気にした同調行動をとりやすいのです。このように自分が注目されている気持ちがすることを「スポットライト効果」といいます。似た効果で、噂話が自分のことをいわれているようで気になることを「自己標的バイアス」といい、思い込みの1つです。実際は自分のことはそんなに話題になっていません。

逆に人には自分が思っているネガティブな内容が相手に漏れて伝わっているのではないかと思う「自我漏洩感」をもつことがあります。これは伝わってしまったらどうしようという恐怖感が生む錯覚で、実際は気づいていないことのほうが多いのです。

ボク ケイザイヌ
いつも誰かに見られている
スポットライト
なんとかってやつだよ
気のせいだよ
さすが合理的
ムだに
怒らない…
そうかなー
ボク キライオン
自分の思っている
ことがみんなに
伝わり
コイツ
めんどくさい
ボク きっと
嫌われている…
イジ
イジ

第3章のまとめ

- 熟慮システムの基本は比較。AとBを比較して、より利益があるものはどちらかという判断をしている。確かに人は比較が得意で、好きである
- 選択肢が多すぎると比較がわからなくなり、人は選択をしないようになってしまう
- 私たちは「無料」という言葉にひどく惹かれる。それは無料を選択して失敗してもダメージは少ないからだ
- 不確実な判断になると、自分で比較しないで人のマネをしようとする。行列に惹かれるのはそうした心理から
- 「今日は家族サービスをするぞ！」と覚悟を決めても、待ち時間500分の行列はイヤだ

第4章

投資とギャンブルの行動経済学

人は投資やギャンブルに惹かれます。なにに魅力を感じ、なぜ気持ちを駆り立てられるのか？　投資とギャンブルを行動経済学の視点で見ると、さまざまな判断の偏り、そして傾向が見られます。本章ではそうした活動の裏側にある不思議な人の経済活動とメカニズムに迫ります。

一度投資をしてしまうと途中で引けない
～サンクコストの過大視①～

「ここまで投資したから、もとを取らないとやめられない!」そう思う投資家は多くいます。株価が自分の予想に反して下がってくると、早く売らないといけないと思っても、すでに何度か投資した金額があると、なかなか売れなくなってしまいます。

企業の投資活動も同じです。新商品に長い月日をかけて数億円を投入していたとします。あと1億円投資すれば商品として完成しそうなときに、ライバル社が自社商品よりも高性能で低価格な商品の開発に成功したという話が耳に入ってきました。しかし、そこで開発中止を選択できる人はなかなかいません。人はついダメだとわかっていても、過去に投資した「金銭や時間がもったいない」と感じてしまい、追加で投資を続けようとする心理が働きます。失敗を認めることにも抵抗があり、いずれ状況が好転するという希望的観測で判断してしまいがちです。合理的に考えるなら、開発途中でも計画を放棄することがもっとも損失が少ないなら、その選択をすべきです。しかし人は途中放棄という選択を簡単に選べません。これを「サンクコスト(効果)の過大視」「コンコルド効果」「コンコルドの誤り」といいます。

コンコルドはイギリスとフランスが共同開発した超音速旅客機です。完成しても長い滑走路、想定される高額な運賃、騒音などの理由で採算がとれないことが開発中に判明していましたが、すでに巨額の投資が行われていたために中止できず、投資を続けて損失がふくらんでしまいました。250機で採算にのるという計画に対して、量産されたのはわずか16機だけでした。

社長!
あと1億で
開発完了
だって
サルだもの
と
なるとこで
ライバル社が
もっといいものを
だって
サルだもの
やる
やめる
追加1億
総費用6億
売上見込5千万
総費用5億
どっちも
赤字になりそうです
やる
やめる
追加1億
総費用6億
売上見込5千万
総費用5億
やめるにやめられん
そうじゃ!
考えるの
やめまーす!
だって
サルだもの
オイ!

一度投資をしてしまうと途中で引けない
～サンクコストの過大視②～

サンクコストの過大視は道路建設、ダム建設など高額な費用を投資し続ける公共事業の失敗として見ることもあります。すでに多額の金額を投入しているために、途中で進路変更ができないのです。もっと身近な例として、パチンコやスロット台にお金を入れすぎて途中でやめられない心理もこの一種といえます。このまま続けてもでるかでないかわからないのですが、すでにお金を使った台を放置できないという心理が働きます。ゲームセンターのUFOキャッチャーも取れないとわかっていてもお金をだし続けるのは、先に払ったお金をもったいないと感じるからです。その後、誰かに取られるのも悔しいという気持ちが働きます。男女関係でもあります。指輪や食事など女性に投資し続けた男性は、脈がないとわかっていても、投資したお金をムダにしたくないと感じ、その後もアプローチしてしまうことがあります。

このトラップから逃げだす方法は唯一、できるだけ早く引くことしかないのです。頭に上がった血を下げるには「コンコルドにはならない」という強い意志をもちましょう。

サンクコストの過大視に陥る前に、早々に撤退したビジネスもあります。2002年、DVDの次の市場である第3世代光ディスクの規格「ブルーレイディスク」がソニーを中心とした大手AV機器メーカーから発表されました。2004年になるとブルーレイは、東芝とNECによる「HD DVD」と激しい次世代規格争いを繰り広げることになります。東芝は家庭用オーディオ・ビジュアル、ノートパソコン分野に強く、DVDドライブシェア世界一のNECと組むことで市場を握ろうとしていました。2005年には両規格は会合をもって統一を目指したのですが、両者の統一はうまくいきませんでした。その後、東芝は技術に自信がありましたが、ブルーレイ陣営にソフトメーカーの囲い込みで破れてしまいます。主要ソフトメーカーがブルーレイに傾いたことで、東芝はこのまま進めても勝ち目がないと判断し、2008年に撤退を発表しました。そして東芝が抜けたことでHD DVD事業は解散となりました。すでに全世界累計で70万台以上もHD DVD関連機器を販売していたのにもかかわらずあっさりと敗北を認め、追加投資をあきらめたのです。当時メディアや購入者からは、「あまりに早い撤退」といわれました。ビデオの規格「VHS」と「ベータ」の規格戦争は、ベータ方式の完全撤退まで20年以上の戦いを続けましたが、東芝の撤退はブルーレイ発表からわずか6年、HD DVD発売からたった2年での撤退となったのです。

身近な企業に投資する心理
～ポートフォリオ理論／リスク回避の気持ち～

ノーベル経済学賞を受賞した経済学者のハリー・マコーウィッツ教授は、多種多様な分散投資で収益を最大にし、リスクを最小とする「ポートフォリオ理論（選択論）」を提唱しています。異なる動きをする銘柄を組み合わせることで、運用を効率化し、リスクの回避を考えるというものです。

しかし、多様な銘柄に目がいかず、投資家たちは身近な企業に投資する傾向があります。身近というのは昔からよく知っている企業や自分の地元にある企業のことです。身近な企業は情報も入手しやすく、微細な変化にも気がつきやすいというメリットがあります。ところが私たちは「身近である会社」ということを「信頼できる会社」と誤解してしまう傾向があるのです。人には「熟知性の原理（法則）」といって、よく知れば知るほど相手に好意をもちやすくなる心理があります。また身近な企業の広告やロゴなどを何度も見ていると親しみを感じやすくなる「単純接触の要因」の影響もあるでしょう。身近な企業と信頼できる企業、ましてや投資効果がいい企業とはまったく関係はないのですが、ついつい知っている企業を過大に評価してしまうのです。

ただしいろいろな銘柄の細かい売買を激しくすればよいということではないようです。カリフォルニア大学の経済学者ブラッド・バーバーとテランス・オーディーンが投資家の調査を行ったところ、株の売買が激しい人ほど成績が悪いという関係があるといいます。そして売買をひんぱんにする人は特に男性が多いといいます。独身男性は年平均83％の回転率で自分のポートフォリオを動かすのに対し、独身女性は53％でした。男性は自分の投資に自信をもっている人が多く、ひんぱんに動かして利益を得たいという心理が強く働くようです。売買が激しい人は売買の手数料を余計に払うことに加え、「利益がでている株を早く売り（利食い売りが早い）」「損している株を売れない（損切りが遅い）」という特徴があります。「成功」をつくりたいので、利益を確定するのは早いのですが、「失敗」を認めるのがイヤで売りが遅くなり、結局、ムダな売買を重ねて損をしてしまうのです。

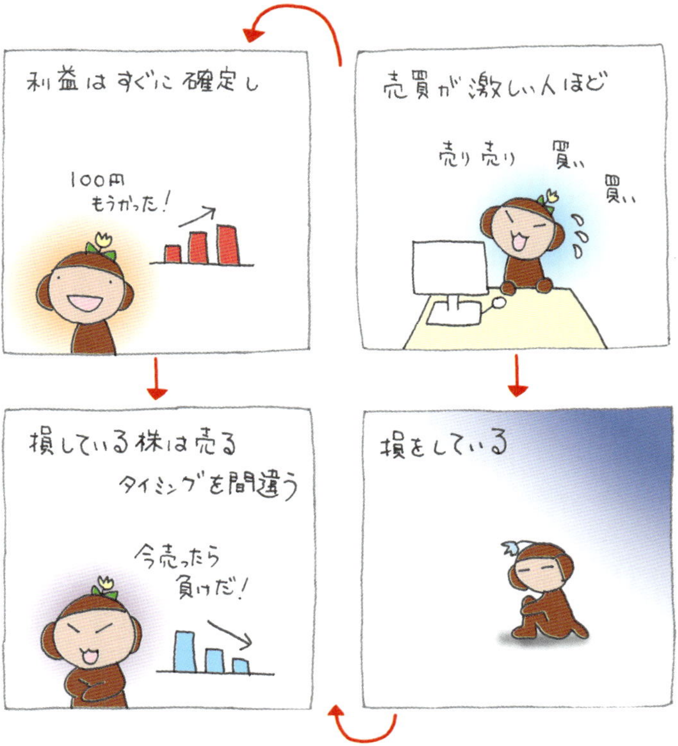

投資を始める前に知っておきたいこと

～自分を知り、ルールをつくり、忠実に実行する～

投資家の心理によって株価が動かされることがあります。自分である程度情報をもっていたとしても、他人の行動につられて同じ行動をとってしまうことがあります。たとえば、「売り」情報を得ている投資家が多いにもかかわらず、いったんなにかの拍子で「買い」の流れが生じると、投資家たちが「買い」に殺到するという同調行動が生じます。こうした他人の行動選択の影響によって集団の行動がある選択肢に集中することを「情報のカスケード」と呼びます。こうした投資家の行動から、市場価格がファンダメンタルズ（経済活動の状況を示す基礎的な要因）から離れてしまうこともあるのです。

こうしたときにパニックになって他人の行動に便乗するのは最善策ではありません。バイアスから逃れ、他人の心理を知り、自分の合理的な判断が求められます。市場の知識や相場予測の技術を磨くだけでなく、投資家の気持ちや行動パターンを知ることも大事でしょう。そのためにまずは自分がどんな心理に陥りやすいのか、自己分析をすることはとても大事だと考えられます。そしてルールをつくり、その性格が引き起こす弊害を回避するのです。たとえば「利食いが早く損切が遅い」性格の人なら、「利食いは10%以上利益となった場合のみ行い、損切は5%以上損失になったらただちに行う」というようなルールをつくり、一度ポジションを取ったあとは相場観を入れずにかならず実行する（特に損切）という行動原理を確立することが大事です。自分を知り、冷静に投資家の行動を眺め、その行動に影響を受けることなく、ルールに従い合理的に対応することが大事なのです。

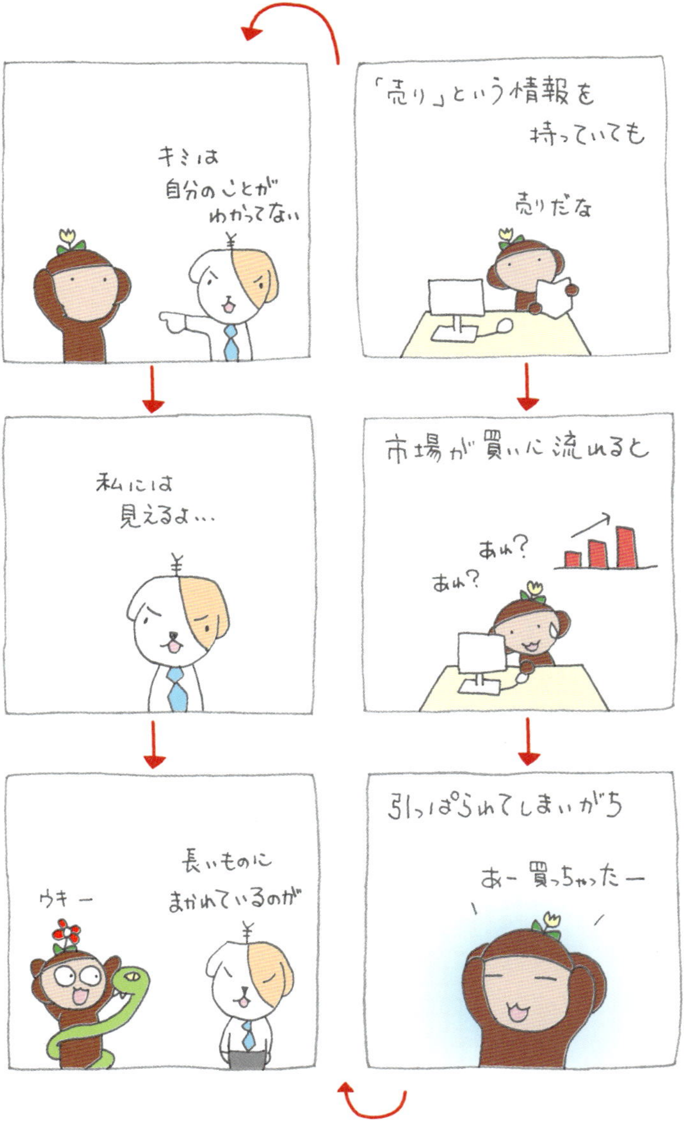
「売り」という情報を
持っていても
売りだな
市場が買いに流れると
あれ？
あれ？
引っぱられてしまいがち
あー 買っちゃったー
キミは
自分のことが
わかってない
私には
見えるよ…
長いものに
まかれているのが
ウキー

宝くじの当選金アップ術

～人が選びやすい数字と選びにくい数字～

宝くじは厳正な抽選が行われており、必勝法はないとされています。ただし、コアな宝くじファンのなかには「特定の売り場で買う」「特定の日に買う」「当たる番号を予想する」というような方法で当選率アップを目指している人もいます。ところが行動経済学のアプローチは少し違います。

それは「ナンバーズ」の当選金アップを狙う方法です。ナンバーズは好きな数字を3つないしは4つ選び、選択した数字で当選が決まる「自分で選んで」当てる宝くじです。自分で選ぶということは、人がなにかの影響を受けて行う選択に傾向があるなら、その傾向を知ることで有利になるはずです。具体的にいうと、多くの人が選ぶ数字で当選すれば配当金が少なくなります。一方、選ばれにくい数字で当選すれば配当金が上がります。競馬やサッカーくじのtotoのように勝敗を予想するものと違い、ナンバーズには推測をする根拠が存在しません。そこが狙いでもあります。

人は自由に数字を選ぶ場合、当選金の大小をあまり気にすることなく、好きな数字や自分とゆかりのある数字を選ぶ傾向にあります。そこで日本人が好む数字が使われているケースとそうでないケースで配当にどの程度差がでるか調査してみました。通信会社とテレビ局が行った日本人が好むといわれている数字の代表は「7」「3」、嫌いな数字は「9」「0」（「4」は次点）でした。そこで2014年に行われたナンバーズ3のストレート（3ケタの数字も並びも一致）の結果を一定期間（100回分）抽出し、「7」「3」が入っている数字と、「9」「0」が入っている数字で当選金額に差があるかを調査しました。理論当選金は90,000円です。「7」「3」が入っている場合、平均当選金は理論値を下回り88,461円。「9」「0」が入っている当選金は理論値を上回る94,462円。その差は約6,000円もありました。また当選金が70,000円を下回った当選番号は「317」「307」「178」といずれも「7」が入っていて、さらに2つには「3」が入っていました。

ナンバーズで高額当選を狙うなら多くの人が選びやすい「7」「3」といった数字は避け、「9」「0」などの好まれない数字を入れるほうがいいかもしれません。また生年月日で買う人もいるといいます。西暦や日付と関連がない数字がいいかもしれません。

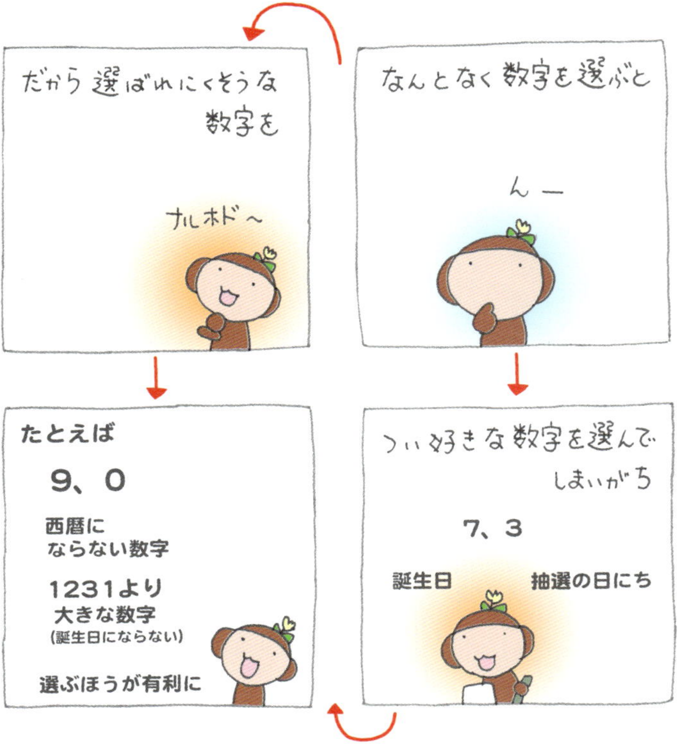

恐ろしいオランダの宝くじ
～買わずにはいられない恐ろしい抽選システム～

宝くじはとても身近で、CMもひんぱんに流されイメージもよく、配当金の多さから話題性もあります。「競馬をやっている」というと、社会的に悪人という目で見られることもありますが、「宝くじを買っている」といって冷たい目で見られることはまずありません。しかし、実際は宝くじほどプレイヤーが不利なギャンブルはないのです。日本の宝くじは控除率（ハウスエッジ）が約55％もあり、売り上げの約45％しか賞金として還元されません。私たちはあまりにも高額な賞金に注目して、当選期待額を過大評価してしまいがちです。実際はとても効率が悪いのです。

しかし海外にはもっと恐ろしい宝くじが存在します。それはオランダの宝くじです。オランダにもいくつかの宝くじがあるのですが、もっとも人気なのは「ポストコード・ロッテライ」「バンクヒロ・ロッテライ」と呼ばれる宝くじです。このくじは郵便番号と銀行口座を対象とするくじで、サイトで自分の郵便番号と銀行口座を登録して抽選を待ちます。郵便番号が抽選に使われるのは、実はとても恐ろしいことでしょう。なぜなら、買わなかった悔しさが目に見えてわかるからです。たまたま買わなかったときに「自分の地域で当選がでたら」と思うと、とても恐ろしい気持ちになります。本来の宝くじは当選番号が発表されますが、誰が買ったかわかりません。しかしこの宝くじは違います。もし近所の家が新車に変わったりしたのを見たら、どんなに悔しい思いをすることでしょう。そうした損失回避の心理から継続してつい買ってしまう構造をしているのです。恐ろしい心理宝くじといえるかもしれません。

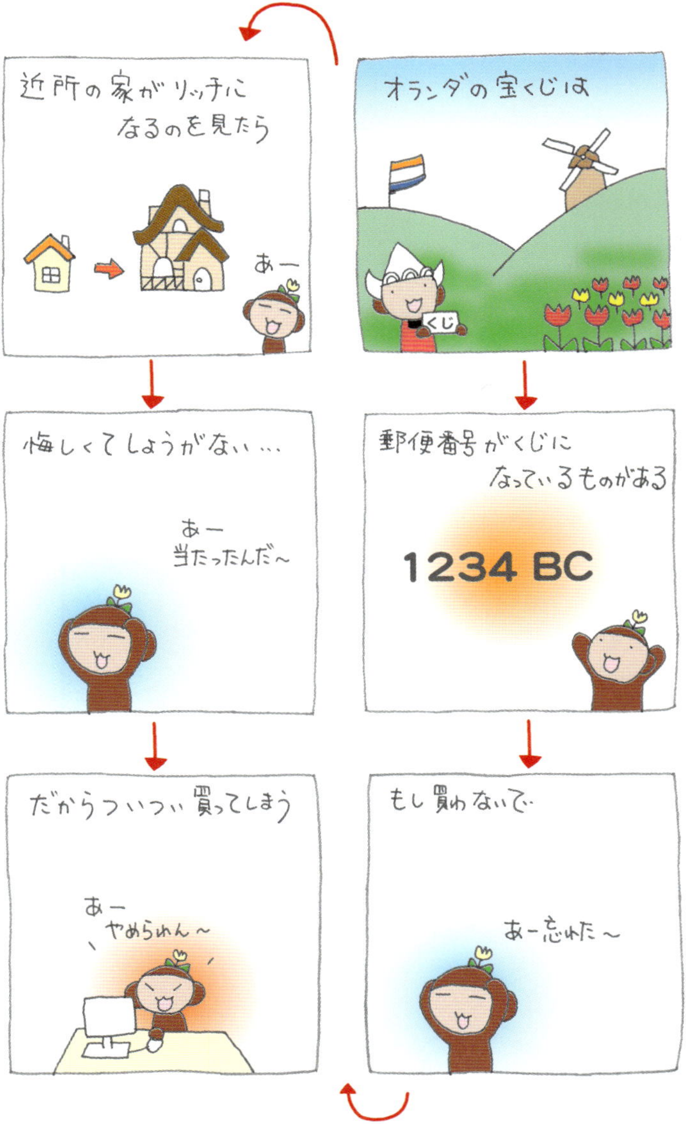
オランダの宝くじは
くじ
郵便番号がくじに
なっているものがある
1234 BC
もし買わないで
あー忘れた～
近所の家がリッチに
なるのを見たら
あー
悔しくてしょうがない…
あー
当たったんだ～
だからついつい買ってしまう
あー
やめられん～

もうかったお金の使い道
～同じ価値に感じられないハウスマネー～

お金は割り引かれる比率や時間効果で価値が変化すると説明しました。しかし、もっとお金の価値が変化するものがあります。それがギャンブルでもうかったお金、ハウスマネーと呼ばれるものです。たとえば、ギャンブルで5万円もうかったとします。そのお金はまるで天から突然降ってきたようなものだからと、さらに高額な勝負に使ったり、豪遊に使ったりしてしまう人がいます。1カ月のおこづかいとして妻から渡された5万円とギャンブルで得た5万円はまったく同じ価値のはずなのに、どうしても同じとは思えません。そして追加の勝負をした場合、多くの場合はそこで負けて5万円を失ってしまいます。するとさっきまで「なくなってもいい」と思ったのにもかかわらず、「なんで使っちゃったんだ。やめなかったんだ」と自分を責め続け、とても大きなダメージを受けます。それは「損をしたくない」という心理効果のせいなのです。

追加投資が成功しても幸せな状態が残るわけではなさそうです。高額当選をした人の追跡調査をした社会心理学者がいます。その結果によりますと、高額当選直後はみな強い幸福感をもっているのですが、それから1年後にいまの状態を聞くと、幸福感は当選前と変わらないというのです。ハウスマネーによって一時的な買い物や豪華な生活をおくったかもしれません。しかし、それによる幸福感は長続きしないということです。大金を手にしても幸せになるわけではないのですから、ハウスマネーを得たときこそ、さらに勝負するのではなく、冷静な使い方を考え、ふだんできなかったことをする（買う）などに使うのがいいのかもしれません。

ギャンブルで得たお金は
ハウスマネーとよばれ
ハウスマネー → カジノのお金
同じお金と思われない
給料 10000 > ハウスマネー 10000
↓ 重い　↓ 軽い
ウンウン
10000 → 20000
よーし
もう1回
スタートしました
5
あっ!
ら、らくば…

なぜ男はギャンブルにハマるのか？
～ドーパミンがつくる快楽～

昔から男性は博打が好きといわれています。博報堂生活総研「生活定点」の2014年の調査によると、ギャンブルが好きなほうだと回答した人は全体で11.3％でした。ところが性別ではとても大きな差があります。男性の18.7％に対して女性はわずか3.8％でした。なかでももっとも好きなのは「40代の男性」といいます。厚生労働省が発表した2009年の調査でも、ギャンブル依存症になる人は女性より男性のほうが6倍も多いと報告されています。

ギャンブルが魅力的に見えるのは「部分強化」と呼ばれる心理効果があるからです。簡単にいいますと、行動に対しての報酬が不確定ということです。男性は確実に報酬を得られる状態におもしろみを感じない傾向にあり、「勝つか」「負けるか」という状態におもしろみを感じるのです。心理学の一般的な研究では10回に1回、私の研究では5～7回に1回程度の勝ちがもっともハマりやすい確率です。基本、負けるのですが、思いがけなく勝って報酬が入るとヤミツキになり、そして強い優越感を得るのです。

人はギャンブルで勝つと、高揚感や興奮により神経伝達物質ドーパミンがでます。そのドーパミンによって勝ったという快楽を脳が学習して、負けると逆に快楽を欲求するようになります。そうして人は勝ちと負けを繰り返しているうちに、ギャンブルにハマってしまうのです。ドーパミンが分泌される量は女性よりも男性のほうが多く、より強い刺激を求める傾向にあります。男性のなかにはドーパミンを受け止める受容体がそれを受け取れず、ひたすらスリルを求めるタイプの人もいるといいます。自分のタイプを知り、予算を決めるなどしてギャンブルと接するべきでしょう。

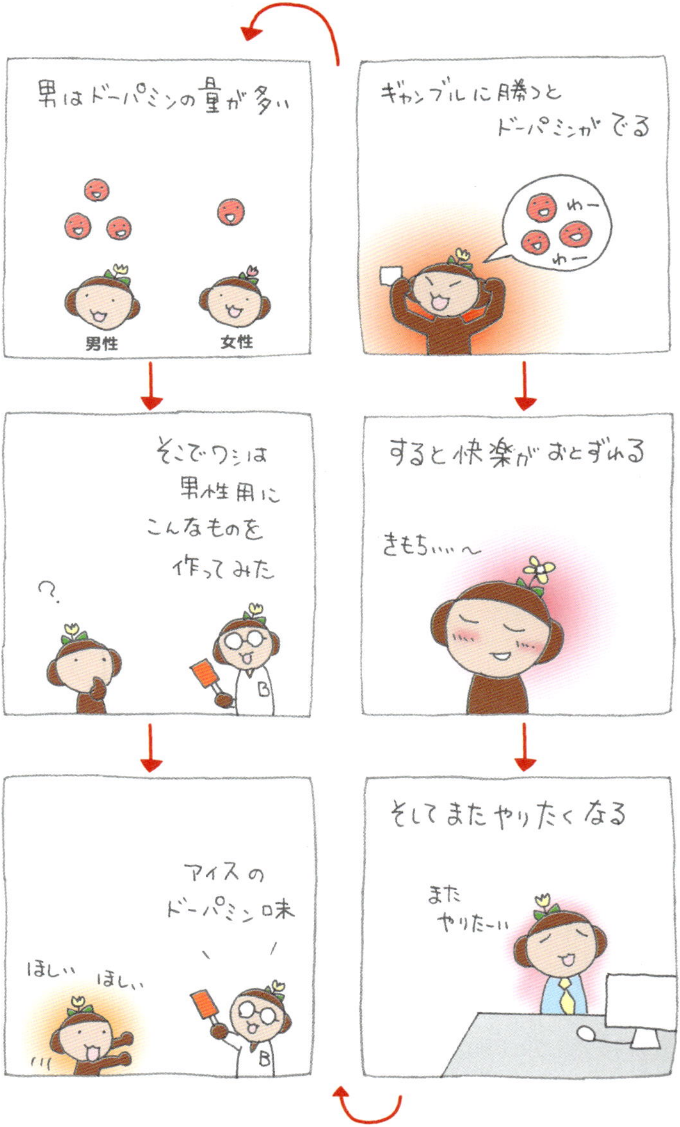

ギャンブルに勝つと
ドーパミンがでる
わー
わー
すると快楽がおとずれる
きもちいい〜
そしてまたやりたくなる
また
やりたーい
男はドーパミンの量が多い
男性
女性
そこでワシは
男性用に
こんなものを
作ってみた
?
アイスの
ドーパミン味
ほしい
ほしい

ギャンブルをする人はいつも自信満々である
～後知恵バイアス／「負け」が「勝ち」に変わる～

競馬、競輪、パチンコ……世の中にはいろいろな種類のギャンブルがあり、ギャンブル好きの人は多くいます。そしてそこで見かける人たちには顕著な偏りがあります。それはギャンブルを好きな人は「なぜか自信満々」ということです。彼らの多くは「○○をとった」「こないだいくらもうかった」と自慢をしてきます。そして生涯のトータル収支を上乗せして多めに申告し、「今度も勝つ」と自信満々で答えます。収支を上乗せして申告するのは、ギャンブルをやることに後ろめたさがあり、「勝っている」と過剰にいうことで、自分の存在価値を高めていると考えられます。でもそれだけではないなにかがありそうです。

コーネル大学のトム・ギロビッチ教授はそんなギャンブラーの行動と心理を研究するために、テープレコーダーを渡して勝ったときと負けたときの気持ちを録音してもらうことにしました。すると賭けに勝った場合、自分がいかに正しかったかを誇示するコメントが増え、負けたときは自分のミスを過小評価する傾向が見られました。負けを不運のせいにし、惜しくも逃した「勝ち」という認識をもつ人が多かったのです。

人には結果を知ると記憶が変わってしまうという恐ろしいシステムもあります。たとえば競馬で人気馬はこないと判断していたにもかかわらず、最後の直線でその人気馬が大外からすごい脚でやってくるのを見ると「ほら、やっぱり」と、あたかも最初から自分が予想していたように記憶をすり替えてしまうのです。予想が外れることを認めるのは、自分の間違いを認めることと同じです。

するとそこで正当化が行われ、最初からわかっていてあえて買わなかったとなり、「当たっていた」という記憶にすり替わります。「勝っていた記憶」だけがどんどん残り、その記憶に反比例するかたちで財布から現金が消えていってしまうのです。都合のよい記憶の書き換えを放置していくと、どんどん負けが進むので注意が必要です。

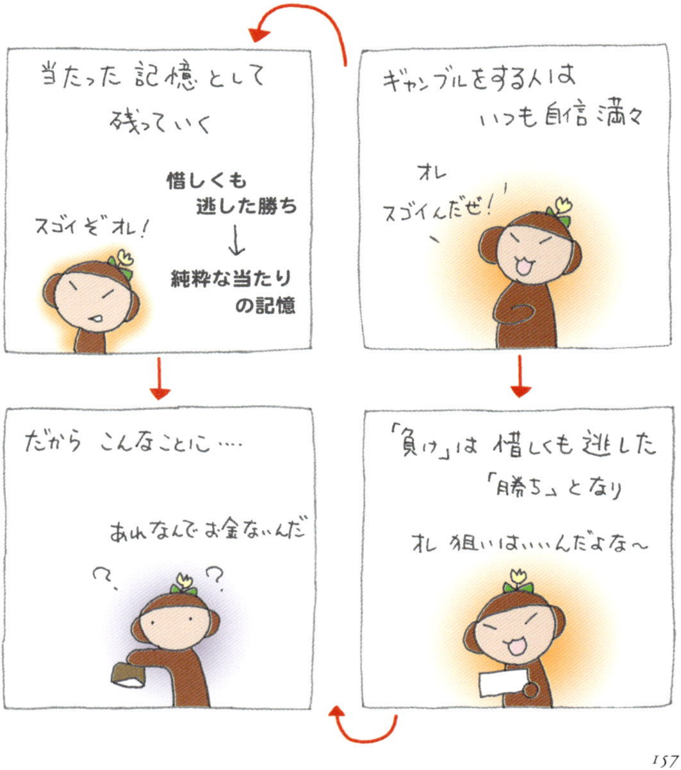

最終レースが近づくと大穴を狙う心理
～大穴バイアス／大穴が人気になる～

競馬、競輪などの公営ギャンブルでは、最初は「当てる」ことを目指していた購入者も次第に外れが続いていくようになります。すると本命では負け分を取り返すことができずに、大穴狙いに切り替えていく人が増えてしまうのです。最終レースが近づくと本命のオッズが上がり、大穴のオッズが下がるという現象が起きます。これを「大穴バイアス」と呼んでいます。

本当にこうした現象がどの程度存在するのか調査してみました。2014年6月～9月に行われた日本中央競馬のレースから30日間分（新潟・小倉・札幌・阪神・東京・中京／1032レース）を抽出し、そこから500万クラスの競馬レースが前半と後半でオッズにどのような変化があるのか集計しました。500万クラスというのは基本的に1勝した馬たちのレースです。クラスを限定したのは「未勝利」「オープン」といったクラスの違いによってオッズになにかの傾向がある可能性があり、条件を合わせることで正確なデータを取るためです。1R～6Rまでの前半に行われた500万レースの1番人気の平均オッズは2.4倍でしたが最終12Rが500万のレースでは3.2倍でした。実に33％も平均オッズが上昇しています。これは本命よりも穴に人気が移っていることを証明しています。また顕著なのは多くの人が買う馬単と呼ばれる馬券で、1着と2着を着順どおりに当てる馬券です。これは前半の1番人気の平均が8.9倍なのに対して12Rでは13.2倍と48％も上昇しており、多くの人が本命よりも配当の高い馬券にまわっていることがわかります。大穴バイアスが働いているのです。効率がいい賭け方は、最初に穴を狙い最終レースは堅めに狙うのです。

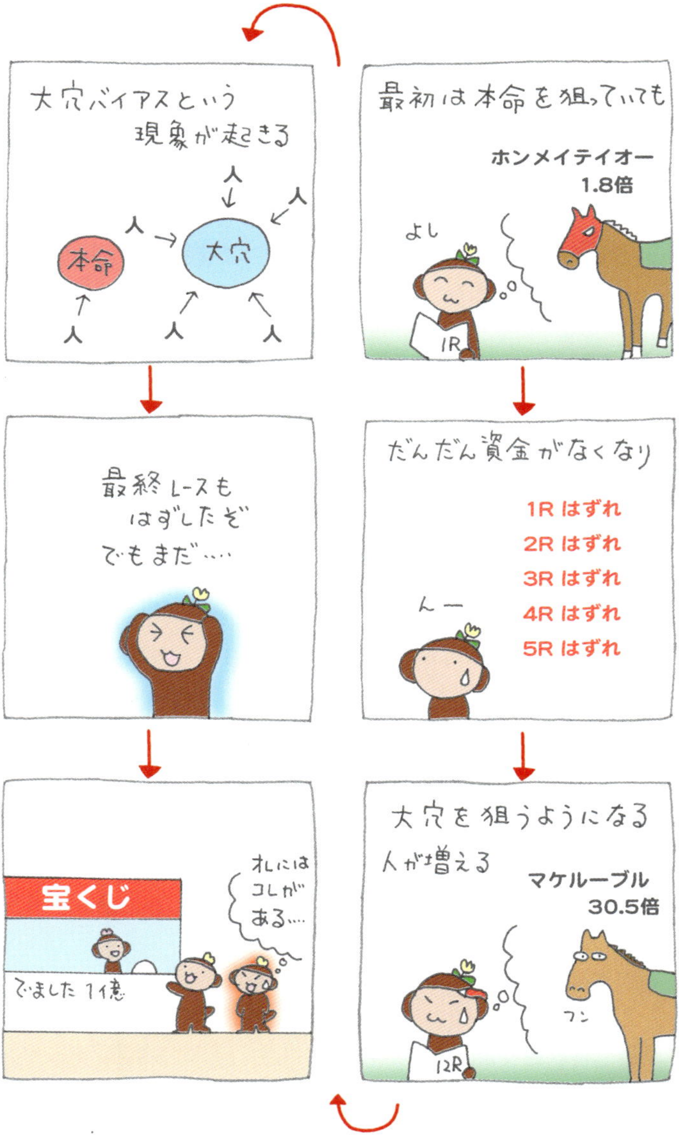

最初は本命を狙っていても
ホンメイテイオー
1.8倍
よし
1R
だんだん資金がなくなり
1R はずれ
2R はずれ
3R はずれ
4R はずれ
5R はずれ
んー
大穴を狙うようになる
人が増える
マケルーブル
30.5倍
フン
12R
大穴バイアスという
現象が起きる
本命
大穴
人
最終レースも
はずしたぞ
でもまだ……
宝くじ
でました 1億
オレには
コレが
ある……

競馬新聞に過剰に影響を受けるファン
～競馬に見る行動経済学①～

競馬には人の判断をまどわすいくつかの罠があります。たとえば私たちは競馬の予想をするとき、前走成績、調教、持ち時計、コース適正、展開予想などさまざまなデータを駆使して予想をしています。いや、したつもりになっています。しかし実際はあまりいろいろなものを見ているわけではないのです。

競馬を数年以上続けている中級から上級者10人が、どのような情報をもとにどんな基準で予想をしているかを調査しました。すると多くの人が偏った予想をしていることがわかりました。その1つは競馬新聞の予想印の影響を強く受けていることです。新聞には競馬記者が予想した「本命◎、対抗○、単穴▲」などの印がついています。予想するファンは印がある馬を中心に考え、印のついていない馬を判断から除外する傾向がありました。気になる馬がいても、プロが選定していないのだから勝てるはずはないという先入観が強く働きます。そうして印のついている範疇で、自分の本命、穴を選定しているのです。

実際、プロの予想家でも馬の性質やデータを正確に把握しているというわけではありません。たとえばパドックと呼ばれるレース前に馬の姿を見られる場所で、パドックの馬の状態を解説する競馬記者が「牝馬らしいふっくらとした体格です」といった言葉を聞くことがあります。ところが馬はウシやヤギなどと違って牝馬（雌）と牡馬（雄）による外的な個体差はほぼないのです。元JRAの原田俊治氏は著書で、「馬の性別は股間にある性器を確認する以外、外見的な判別は不可能」といっています。パドックの予想家がこのような発言に至るのはあくまでもイメージ上の問題であると考えられます。以前、記者が予想する現場を見学したことがありますが、直感的に決めていることに驚きました。競馬記者も情報が膨大なため、一部の情報に強い影響を受けて判断していることがあります。直接レースを見ることが多く、馬の能力の一部に強い印象をもつことも影響しているでしょう。また馬を管理している厩舎を回るうちに人間関係が構築され、人情的な感情に予想が影響を受けることもあります。そうした予想を見てファンがまた直感的に買うのですから、結果がうまくついてこないわけです。

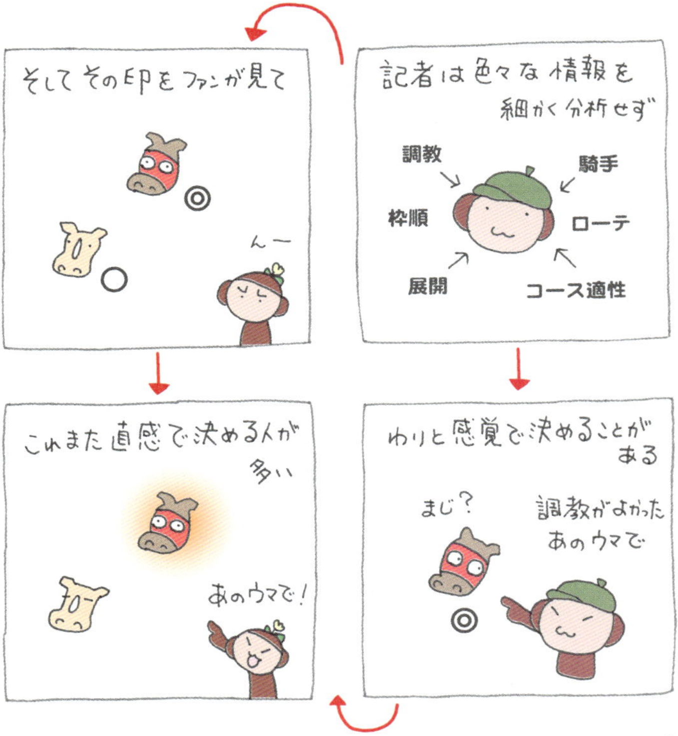

着順の印象に惑わされる
～競馬に見る行動経済学②～

また競馬ファンは前走成績着順に過度にこだわる傾向がありました。確かに着順は騎手の腕や馬の勝負根性などを計るいい指標にはなります。しかし馬の能力を推測するなら、勝った馬からのタイム差（厳密には距離）が優先されるべきです。ところが多くの人は着順という見た目でわかりやすいものにこだわるため着順を優先します。たとえば勝ち馬から0.2秒差の6着よりも、1秒以上離されたとしても3着の馬の評価を上位にとる傾向がありました。内容ではなく、見た目が大事なのです。「2着」「3着」は惜敗で、次走は期待できると、その数字から強い印象をもってしまうのです。

さらに大きなレースになるとおもしろい行動が見られます。一度「この馬を買おう」と決めると、その後は買う馬のポジティブな情報を集めようとする人が多くいました。多角的な情報を集めて、もう一度、その馬が「勝つ」か「負ける」かの判断をするのではなく、調教師のコメントや記者のコメントなどのなかからその馬に有利な情報を探しだし、「勝つ」ということを前提にした安心するための情報を集めだすのです。ネガティブな情報はお断りで、情報を遮断してしまいます。これは「確証バイアス」と呼ばれるもので、自分の考えに肯定的な情報だけを重要視して、自分の考えに否定的な情報を軽視するのです。確かに「安心感」は生まれますが、「的中」からは離れてしまいがちです。

競馬は購入金の中からJRAが控除金を取り（約25%）、残りを当たった人に分配します。「ゼロサムゲーム」と呼ばれるゲームだとも見えます。ゼロサムゲームでは基本的に人と同じことをやってももうかりにくいものです。

　競馬予想に対する人の行動傾向を知り、人と違った視点で競馬を見ることが大事なのかもしれません。

パチンコがつくる「ヤミツキ感」①
～パチンコの行動経済学①～

ギャンブル的な要素をもつパチンコの遊技にハマる人は多くいます。それはとても手軽にできる遊技であることが大きいと推測されます。宝くじはどこでも買えますが、当選発表までに時間がかかります。地方競馬は平日連続で開催していますが、中央競馬は基本的に土日しかやっていません。パチンコは年中無休で毎日、さらに駅周辺にあります。勝ち負けの結果もすぐにでます。この手軽さが誘惑の1つです。ギャンブルは勝ったという快楽を脳が学習して、負けると逆に快楽を欲求するようになるわけですから、勝ちと負けを何度も繰り返すパチンコはハマりやすいものだといえます。

またパチンコは視覚的な快楽を生みやすいのです。最近は利便性から台に自動カウンターがついていて箱を積まない店が増えていますが、大量の出玉をだす爽快感と箱を周りに並べる爽快感は強い快楽をつくり、「またやりたい」という中毒を生むのです。

パチンコは数年に1、2台、予想以上の稼働をする台があります。その台の演出を分析し、なにが人の心に刺さるのか複数の仮説を立てます。そうしてその仮説に沿って、新しい台の評価を繰り返し、認知的な実験を加え、仮説の正しさを立証していくことを繰り返しました。するといくつかおもしろいことがわかってきました。ここではそのなかからヤミツキをつくる演出、知らず知らずのうちに遊技者が台の虜になってしまう演出の1つを紹介します。

パチンコの「ヤミツキ」をつくりだしているのは、台の演出による高揚感、ドキドキする感じです。これをドキドキ感としましょう。ドキドキ感には大きく2つのルートがあります。1つは「期待感」、「当たりまでの距離感」ともいえます。演出開始から大当たりまで、自分が当たりに近づいていることが実感できると人はドキドキします。いわゆる「予告」が重なり、「疑似連」と呼ばれる連続回転演出があり、チャンスアップがあり、カットインがあり、停止までのアオリがあります。こうした融合演出の強弱や出現の有無を体感していくうちに、「当たらないよ」が「当たるかも」になり、最終的に「当たりそう」となってドキドキ感が高まっていくのです。

パチンコがつくる「ヤミツキ感」②
～パチンコと行動経済学②～

もう1つのルートは「意外性」です。次はこんな演出がくるだろうと予測していたところに、それをいい意味で裏切る演出が差し込まれると非常にドキドキします。ところが人は損失回避性が強く、期待感を裏切られる演出に強い不快感をもちます。たとえば保留玉の演出予告が途中で消えたり、確率変動の転落予告に遊技者は強い不快感をもつのです。このような演出は、遊技者から嫌われます。

また、この2つのルートに共通して効果的に働いているのが「役モノ」といわれる造形物です。たとえば『仮面ライダーV3』をモチーフにした台は変身ベルトが役モノになっています。映画『リング』の台では貞子の白くて不気味な手が役モノです。

この役モノがいろいろなポイントで稼働し気分を高めてくれますが、2つのルートでは求められるものがまったく異なります。「期待感」で使われる役モノは自分が当たりに近づいていることを告知するものですから、派手に大きく動く必要があります。「意外性」で求められるのは、スピードと音、光、そして重量感です。人は身の危険を感じると驚きます。この「驚き」が効果的に働いているのです。驚くためにはスピードが必要で、さらには立体感、重量感が大事です。ペラペラな役モノが稼働しても、安っぽさが先行してしまい、身に危険が迫る感覚が乏しく、心から驚けなくなってしまいます。

そして役モノを経由して当たった記憶は鮮明に残ります。光や音をまとうと、より強い記憶として刻まれます。そうしてドキドキ感はときに「おもしろくてドキドキ」したという錯覚を生んですり替わり、記憶として残ります。あとから記憶がすり替わることはギャンブルにおいてひんぱんに行われます。もし「期待感」を積み上げるルートで「驚き」を生む役モノの動きがあると、強すぎて外れたときのダメージが強く残ってしまいます。

こうして多くの遊技者は「また体感したい」とヤミツキになるのです。遊技者はこうした演出を知り、俯瞰的にパチンコを見ることで、冷静にムダな投資を抑えて適度に楽しむといいでしょう。

なぜ若者はギャンブルをやらないのか？
～高まる損失回避性～

最近の若者はギャンブルをやりません。博報堂生活総研「生活定点」(2014年) によると、ギャンブルが好きなほうだと回答した20代は20.4％。1994年のデータでは34.3％と世代のなかでももっとも高かったのですが、年々減少傾向にあり、当時よりも約4割減っています。ギャンブルだけでなく車ももたない、海外旅行に行かない、高級ブランド品をもたないなどの傾向があります。若者はどうしてこうなってしまったのでしょう？

1つは不景気による雇用の悪化、所得の低下があるでしょう。お金がかかる娯楽よりも定額で楽しめるネットやお金がかからない娯楽に行ってしまうのは至極当然のことです。文化面の変化もあります。昭和時代は「ムダがカッコイイ」という風潮がありました。ムダに時間を過ごし、酒を飲み、見栄で車を買って、博打をする。そうしたスタイルが景気の衰退とともに輝きを失ったのです。いまや実のない散財に美徳はありません。若者たちはより現実的な方向に移行したのです。

これは若者のせいではありません。昔、若者の過ちはわりと寛大に許される傾向にありました。しかしいまの若者は違います。企業は即戦力を求め、失敗すると「まったくゆとり世代は……」と世代の特性のせいにさせられてしまいます。そもそもチャンスを与えられません。「失敗が許されない」環境になってきていることもあるでしょう。

最近、人の心理を研究していくなかで、若い世代の損失回避性が高まっていると感じています。「損をしたくない」という気持ちが強く、ギャンブルのような構造とはマッチしません。競馬はくわしくなるまでにお金を使いそうです。パチンコ遊技は最近釘がからくて（玉が「当たり」「外れ」の抽選をする部分に入りにくい）なかなか当たりません。ギャンブルにハマるためには、最低一度はいい思いをしないと「またやりたい」と思える記憶が定着しません。若者がギャンブルを選ばない、いや選べないのは当然だと思います。

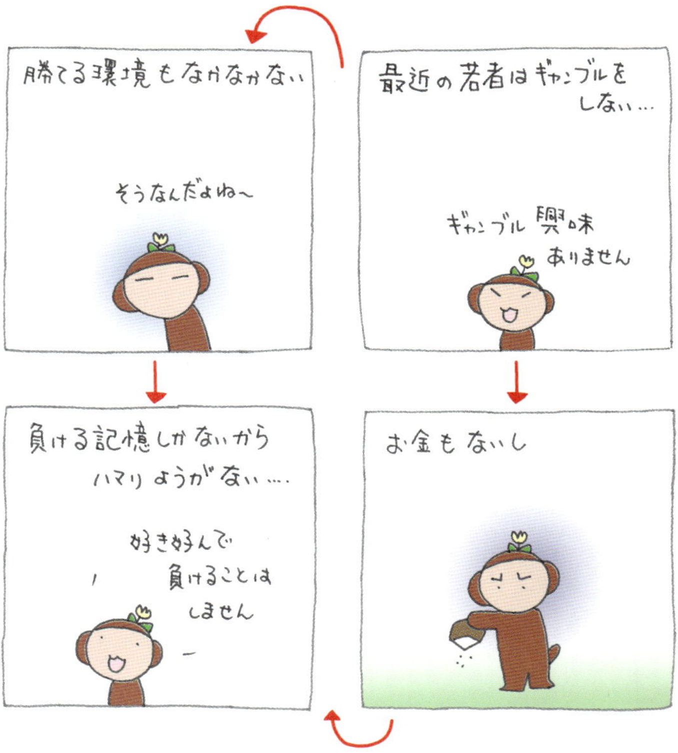

第4章のまとめ

・人は一度なにかにお金を使うと、ダメだとわかっていても投資した「金銭や時間がもったいない」と感じてしまい、途中でやめられなくなり、追加で投資を続けてしまう心理が働く。これを「コンコルド効果」という

・ギャンブルに勝ったという快楽を脳が学習して、負けると逆に快楽を欲求するようになる。そうして人は勝ちと負けを繰り返しているうちに、ギャンブルにハマってしまう

・ギャンブルをやる人は自信満々な人が多い。これは「後知恵バイアス」が働き、勝った記憶にすり替わるため

・オランダの宝くじは恐ろしい

第 5 章

行動経済学を応用した戦略

最後に行動経済学を活用した使えるテクニックをいくつか紹介します。人間の判断の偏りを理解しつつ、さまざまなシーンで損をしない戦略として活用してください。

プレゼンでは捨て案が重要

～プレゼンでは捨て案の設定がキー～

企画書をつくって企業に提案に行く場合、なにが刺さるかわからないので多くの案をつくってもっていきがちです。しかし人の判断メカニズムから、あまり多くの案をもっていくと興味はもってもらえる反面、選ばれにくいという危険がともないます。

また、本当はＡ案を通したいのだけど、別のＢ案、Ｃ案に決まってしまい、残念な思いをしたこともあると思います。それは捨て案のつくり方が悪かったためだと思います。捨て案とは最初から採用されないことを前提にした案のことで、提案のバランスやボリューム調整につくられる案のことをいいます。

私たちはシンプルな比較構造をもっています。Ａ案、Ｂ案、Ｃ案とどれも別の方向を向いたものをつくると単純に比較できなくなり、相手もどれを選ぶかわからなくなってしまいます。そんなときはＡ案、Ｂ案とＡマイナス案をつくるのです。Ａマイナス案は、Ａ案によく似たＡ案よりも劣っている提案物です。似ているので簡単に比較してくれます。Ｂ案とは比較しにくいので、Ｂ案のよさは引き立ちませんが、比較しやすいＡ案はよく見えて、Ａ案に決まりやすくなるのです。たとえばギフトの商品提案をすると仮定します。あなたはグラスかカードかを提案したいと考えました。Ａ案は飲み物を注ぐと音楽を奏でるグラス、Ｂ案はブラックライトがついていてオリジナルの写真が浮かび上がるカードを用意しました。会社からは利益率の高いＡ案を通せといわれています。あなたはそこでＡマイナス案としてＡ案より少し劣った別機能のグラスを用意するといいでしょう。つまり比較のダミーアンカーであり、おとりになってくれるので、Ａ案がよりよく見えるのです。

プレゼンで決めてほしい
案があるとき
うん
これで決めたい
A
その案より少しだけ
劣った案を作る
A
A⁻
B
すると比較が楽になり
選んでもらいやすい
ありがとうございます
A
A⁻
B
Aガイイ
よしこれを応用して
合コンでは….
よし合コンには
オレマイナスの男をつれていく
いくぞ
するとモテモテに
なるかも….
ネエ ネエ
アーン

部下への指示はアンカーを示せ
〜具体的な比較対象のない指示は混乱を生む〜

「注意しても同じ過ちをする」「部下が指示どおりに動かない」

こんな経験はないでしょうか？

それは依頼や注意の仕方に問題があるのかもしれません。たとえば相手を叱る場合、「なにやってるんだよ」と感情的な叱り方をすると、部下は叱られないように行動をしますが、原因と改善の方法がよくわからなくて、似た過ちを繰り返すでしょう。部下にミスを注意するなら、ミスをした原因を提示し、結果を振り返らせどんな影響がでたのかを伝え、自分の感情を伝えると効果的です。たとえば数値の転記ミスを注意するのなら、「提出前に見直せば気がつくミスだ（原因）。この数値が違うと経理のみんなが困るから（影響）、次回からちゃんと見直して提出してくれ。お前には期待していたから私は残念だよ（感情）」といいます。原因や影響、改善点などを具体的に伝えると、それが基準になるのでどうすればいいかがわかります。また感情部分を伝えることで、人間がもつ「期待に応えたい」という気持ちを刺激するのです。最近は厳しくいいすぎるとそこからがんばらないで、会社をすぐに辞めてしまう人が多くいます。しかし、いわないと図に乗る人もいます。自分のいいたいことはいうけれども、相手のこともしっかりと考えていると感じさせる叱り方がいいでしょう。

またなにかを依頼する場合や直しを指示する場合などは「もっとセンスよくやってくれ」のような抽象的な指示はよくありません。具体的にＡをＢにしてくれ、○○を使ってＣをＤに変更してくれといった指示が求められます。人の判断システムは「比較」が基準です。その比較するものがないと人は混乱してしまうのです。比較するものをたくさん与えすぎてもいけません。どう比較していいかわからなくなり、比較することをやめてしまいます。そして「ここまでやってあげる必要があるのか？」「昔はみんな自分でやったのに」と疑問に思われないようにしてください。人間の判断システムからいって具体的なアンカーを提示してあげることは、効率的な指示なのです。合理的に考えると、部下や仲間の成長はあなたのメリットにもつながります。

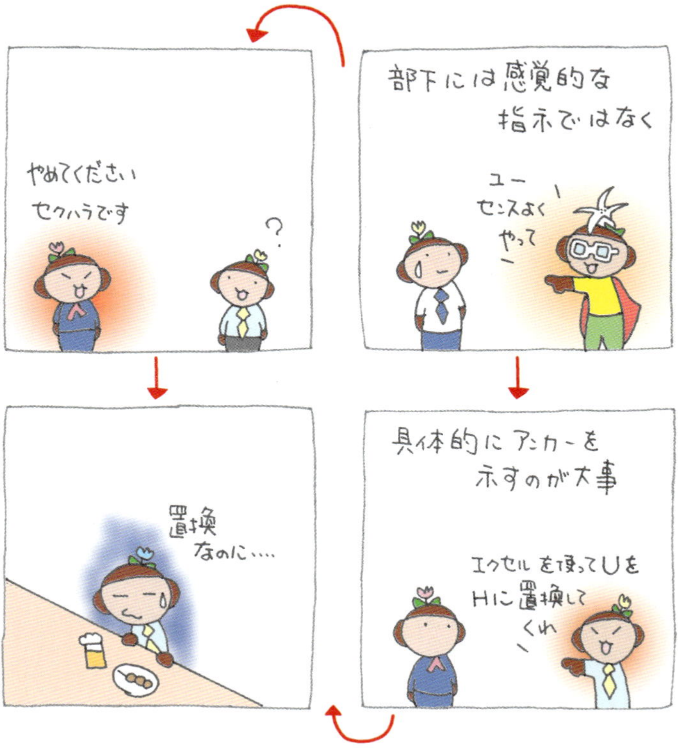

好印象でビジネス力を向上させる①
～出会いは重要／第一印象～

ビジネスシーンではいろいろな人と出会います。この出会いをうまく成功させると、非常に有利にビジネスが展開できます。人との「出会い」「会話」「終わり方」の3つに分けて、それぞれ大事なポイントがあるので説明したいと思います。

「出会い」で大事なのは第一印象です。「初頭効果」といって人は最初に見たものの影響を受けやすく、その印象が長続きするという傾向があります。つまり最初によい印象を相手にもってもらえば、その後も好意的に対応してくれる可能性が高くなります。この第一印象は非常に短い時間（一般的に約5～6秒）で形成されます。人と出会うことが多い人は1～2秒で相手の印象をつくってしまいます。そしてこのときに大事なのは、「外見」「表情」「視線」「声」「話し方」「姿勢」といったものです。実は「話す内容」はとても重要でないかぎり、影響力が小さいことがわかっています。

「外見」 外見は見た目がとても大事。意識して身だしなみを整え、顔の印象を上げるようにします。服やネクタイの色にも敏感に、明るく見える色の服を選びましょう。よくわからない人は白いシャツが無難です。緑系は顔色を悪く見せるので注意してください。

「表情・視線」 表情でもっとも好印象を与えられるのは笑顔です。よい笑顔をつくれるように鏡を使って訓練しましょう。相手に興味をもつことで相手に好かれる視線をつくることができます。話に興味がないと視線が違うところにいくので注意してください。

「声の質、話し方」 声はハッキリと語尾も明瞭に発声しましょう。また話すスピードはできるだけ相手に合わせるようにすると相手は心地よく感じます。そしてきれいな言葉づかいを意識すると好印象を得られやすいです。

「姿勢」 姿勢がよいと「しっかりしてそう」な人だと信頼感をもってくれます。退屈すると手や足が動きだすので、コントロールはしっかりしたいものです。

好印象でビジネス力を向上させる②
～会話／相手の行動をマネして好印象をつくるテクニック～

雑談では話す内容はできるだけ相手の興味がわきそうな話題を探して話すといいでしょう。天気の話は無難すぎて印象に残りません。初対面では話し方に注意します。できるだけていねいに礼節を尽くしましょう。礼節をつくすことは、相手に「私にとって大事な人です」と伝えることであり、相手も「大事にされている」と感じるようになるのです。これは年齢を重ねるほど、その思いは顕著にでてきます。年配の人に接するときは、少しおおげさな礼節をもって接するといいでしょう。

会話はできるだけ相手の興味がわきそうな話題を探して話します。深さよりも引きだしの数が大事なので、日ごろからネタ集めはしておくとよいでしょう。そして会話に詰まりそうになったら、質問をするようにする、もしくは相手に質問するとうまくいきます。質問は「あなたに興味があります」というサインでもあります。

それから最初に相手の名前は絶対に覚えることです。あいさつで相手の名前が聞き取れなかったら、しっかりと聞き直して覚えることが大事です。会話中に名刺を見直して名前を確認する行為は、場合によっては相手に失礼です。集中して自己紹介のときに覚えるようにしましょう。人は意味のないものは覚えにくい傾向があります。イギリスで行われた人物のプロフィールを記憶する実験では、相手の職業を69％の人が記憶していましたが、名前はファーストネームですら31％の人しか覚えていなかったのです。しかし相手にとっていちばん覚えておいてほしいのは「名前」です。顔と名前を連想づけて覚えましょう。

また話を積極的にしようとしすぎないで、聞きじょうずになることも大事です。また相手の目を見てする「うなずき」は効果的です。うなずきは強い共感作用があり、相手は自分の意見が受け入れられている気がしてとてもうれしくなります。逆に腕組み、足組みはしないほうが無難です。これは防衛のサインになってしまいます。さらに有効なのが自然と相手のマネをすることです。相手が顔を触ったら自分も触るなどの行為をしていると、「親和性」や「安心感」がわいてきて好意をもちやすくなります。これを「類似性魅力理論（仮説）」といいます。

好印象でビジネス力を向上させる③
～終わり方／ピークエンドの法則～

人間関係も構築できたあなたは、話をどこで打ち切ろうかと悩むと思います。もっとも「終わり方」としていいのは、話がいちばん盛り上がっているときです。盛り上がった状態で、相手から離れると、相手は「もっと話したい」という渇望感をもってくれます。この渇望感によって時間が立つとさらによい印象として相手にあなたの記憶が残ります。

これは行動経済学でいう「ピークエンドの法則」です。経験で得た「よい」「悪い」という印象は、その時間の長さではなく、感情のピークとその経験の最後に焦点が当たり、快苦の状態を記憶しやすいというものです。車で移動する際、だんだん渋滞になってきて目的地近くで渋滞に30分はまるのと、途中で渋滞に30分はまってから目的地に着いた場合、トータルの時間が同じでも、目的地直前にはまったほうが渋滞の不快な印象が残りやすいということです。そのため心地よい会話をしているときに、なにかの理由で中座するほうが実は、話しきって時間をもてあますよりもはるかによい記憶として残ります。急ぎの電話がかかってきたフリをして抜けだすのも1つの手です。

たまに経済行動学や心理学の書籍で「初頭効果」の反対が「ピークエンド」だと説明されることもありますが、若干比較しているものが違います。「初頭効果」は最初に見た印象がしばらく続くという機能で、「ピークエンド」はピーク時にどんな感情だったか、その経験がどう終わったかで印象が変化するというものです。双方の効果は矛盾するものではありません。

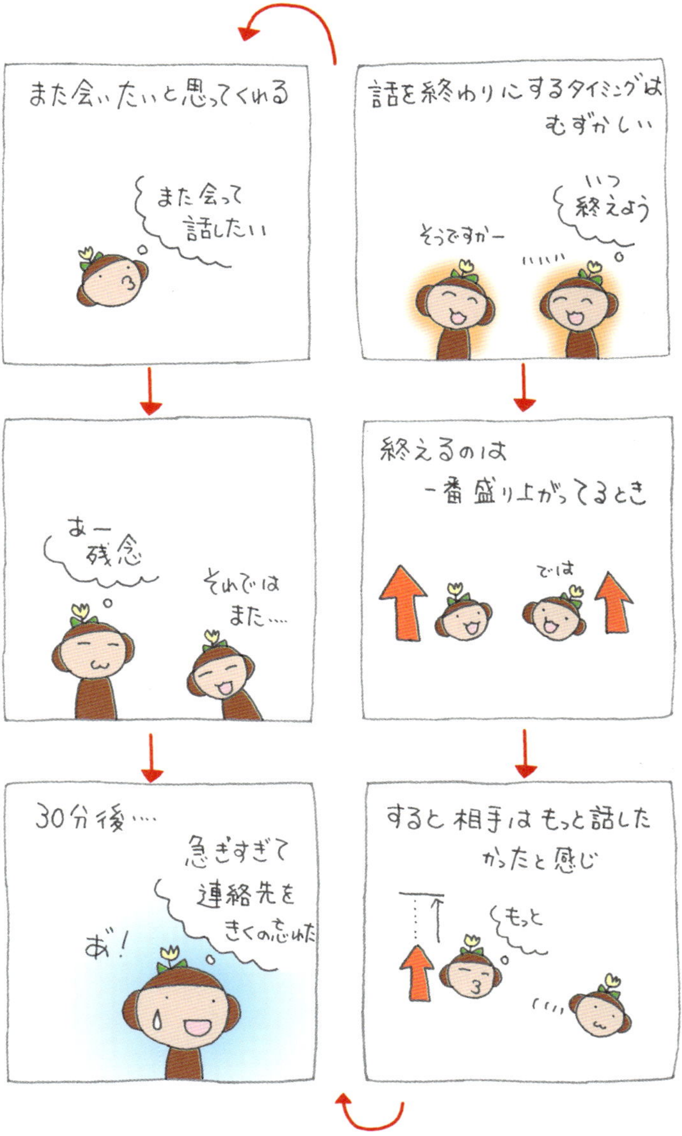
話を終わりにするタイミングはむずかしい
いつ終えよう
そうですかー
……
終えるのは一番盛り上がってるとき
では
すると相手はもっと話したかったと感じ
もっと
……
また会いたいと思ってくれる
また会って話したい
あー残念
それではまた….
30分後….
急ぎすぎて連絡先をきくの忘れた
あ!

売りたいものを売るには「特上」をつくる
～比較するものを用意する～

第1章（P.40）で解説したように、人は「安いもの」「真ん中」「高いもの」とあると「真ん中」を選びやすくなります。この人の選択傾向は応用することができます。レストランなどの飲食店、ショップ、ネットショップでもなにかのセット販売を考えている場合、「安いパッケージ」「高いパッケージ」の2つでは、注文が分散してしまいます。利益率の高い「高いパッケージ」を売りたい場合は「さらに高いパッケージ」をつくると効果的です。「並」「上」のラインナップに「特上」をつけ加えるのです。業種や内容にもよりますが基本的に「特上」はあまり売れません。あくまでも「上」を売るための「比較物」という立ち位置でいいでしょう。価格の比較なら3種類にするといいでしょう。

もし最初から「梅」「竹」「松」とコースがあるところに、「松」を売りたいので「特上」をつくって4つにしたとします。すると「松」が売れるというわけでなく、「竹」にも流れてしまいますし、意外なことに「梅」にも分散する傾向が見られました。人の価格判断は4つ以上になると分散、多様化してしまうようです。

ただし4つ、5つにするのが悪いわけではありません。数が多くなると特定のものが売れなくなるかわりに、選択肢が増えたことで注目度が上がり、販売自体が上がる可能性があります。色や味のバリエーションなら5つ前後がいいと思われます。ただし多すぎると「24種のジャム」のように、比較がめんどうになり販売量自体が下がる危険性があります。利益率の高い商品を意識的に販売するのか、販売全体を底上げしたいのかで選択する戦略が変わってきます。

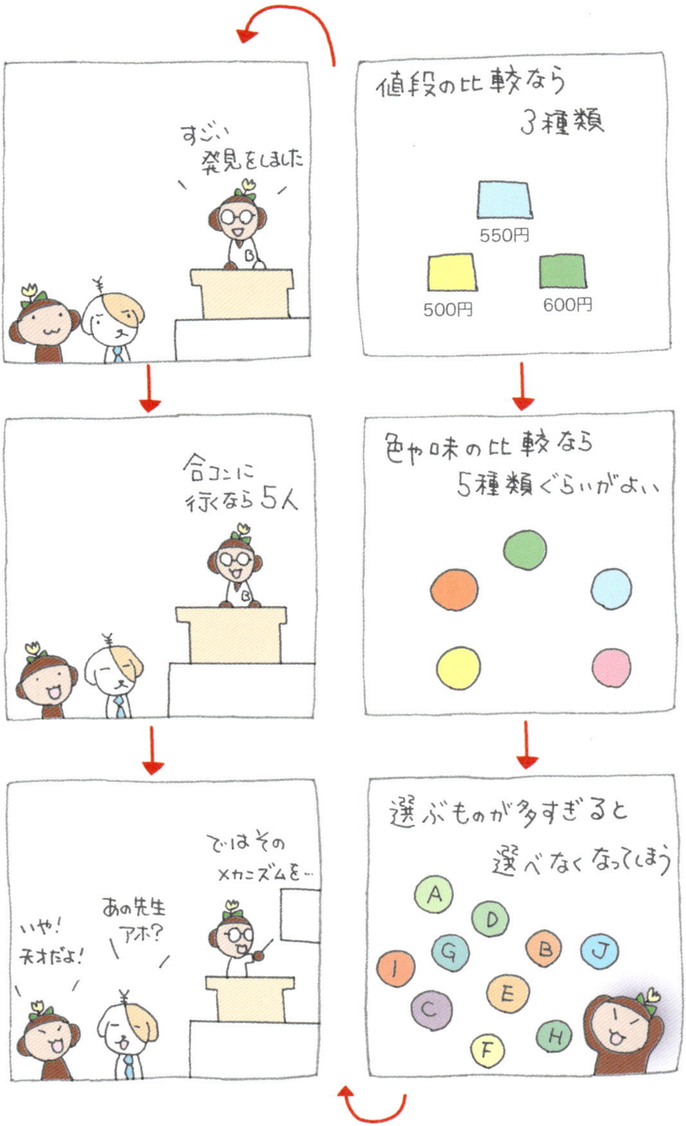
値段の比較なら
3種類
550円
500円
600円
色や味の比較なら
5種類ぐらいがよい
選ぶものが多すぎると
選べなくなってしまう
A
D
G
B
J
I
E
C
H
F
すごい
発見をしました
合コンに
行くなら5人
ではその
メカニズムを…
あの先生
アホ?
いや!
天才だよ!

スタバはなぜアンカーを破ったのか？
～スターバックスの成功に見る新規ビジネス～

私はまだあのときの記憶を昨日のことのように覚えています。1996年のある日、銀座の街を仕事で歩いていたところ、見たことのないグリーンの女性のロゴマークが目に飛び込んできました。コーヒーチェーン店？ しかし見たことも聞いたこともない店名でした。気になって店内に入ると、コーヒーの香りが充満していて、洗練された店内の雰囲気に一発でやられてしまったのです。コーヒーのSが250円。ほかの飲み物は300円台。ちょっと高いなと思いましたが、あまり気になりませんでした。それが「スターバックス」（以下、スタバ）との出会いです。

当時、ドトールコーヒーは全国に400店あまりを展開していて、1杯150円という価格でサラリーマンたちを満足させていました。価格の安いチェーン店も増え、スタバとは大きな価格差があります。身近な商品価格のアンカー作用はとても強く、なかなか破ることは難しいといわれています。ところがスタバは銀座の1号店を皮切りに出店を加速し、5年で300店を超しました。日本のカフェブームをつくった立役者ともいわれています。

一般的なチェーン店もスタバもコーヒーショップですが、異なったスペースを提供しているともいえます。手軽な場所と心地よい雰囲気を提供する場所。スタバのその心地よい空間は家庭と職場の間にある私たちのサードプレイス（第3の場所）になったのです。元気で明るい接客もよく、音楽も香りも心地よい。全面禁煙というスタイルで女性客も多く利用しました。ほかのコーヒーチェーン店はコーヒーを提供していますが、スタバはコーヒーを含めたスタイルを私たちに提供したのです。

つまりスタバは最後発から既存の安いコーヒーチェーン店のアンカーを破ったのではなく、スタバという新しいアンカーをそこに下ろしたというほうが正しそうです。スタバが勢力を拡大していくなかで、ほかのコーヒーチェーン店との客層比較をしましたが、ほとんどバッティングはしていませんでした。年配層のサラリーマンはチェーン店を好み、若いサラリーマンと女性はスタバを利用するようになりました。このスタイルは新規事業の構想にも役立ちそうです。新しい価値の創造、新しいコンセプトで展開していけば、既存のアンカーの影響を受けにくくなるかもしれません。

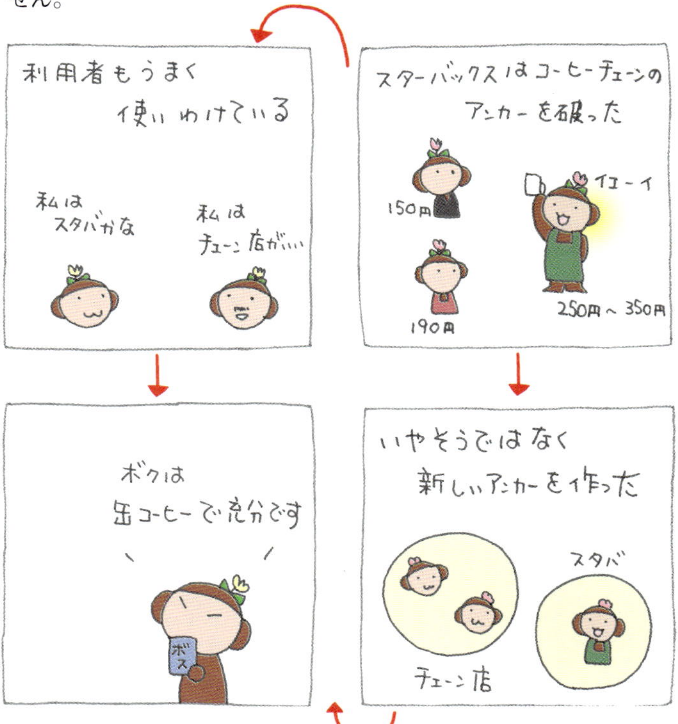

BGMのテンポがゆっくりだと飲食の量が増える
〜テンポの違いによる回転率と販売量〜

私たちに無意識に影響を与えるものとして、音楽の力は絶大です。アメリカのロヨラ大学のロナルド・ミリマン教授はスーパーマーケットで、BGMのテンポを変えて利用者の歩くスピードを観察しました。店内のある2点を移動する時間を測定したところ、ゆっくりしたテンポよりも速いテンポのほうが通過時間は早くなりました。そしてゆっくりとしたテンポのほうが38%も売り上げが上昇しました。こうした大きな変化があったにもかかわらず、利用者のほとんどがBGMになにかの影響を受けたという自覚がありませんでした。

この実験結果からいえるのは、利用者の回転率や販売量はBGMである程度コントロールできるということです。回転率を上げたい場合はテンポの速い曲をかけると効果的です。販売量を上げたいときはゆっくりしたテンポの曲で滞在時間を長くさせるといいでしょう。飲食店での実験では、食事のスピードと量もBGMによって変化したそうです。テンポが速いと食事のスピードが速くなります。一方、ゆっくりしたテンポの曲にすると食事のスピードは遅くなるのですが、飲食の量が増えたといいます。

ちなみに速いテンポのもとではリスクのある不確実な選択が選ばれやすいという研究結果もあります。昔、パチンコ店で流れていた軍艦マーチはこうした効果を感覚的に知っていたからかもしれません。テンポの速い曲が流れる環境下だと過剰投資をしてしまう傾向がありますから、ポップスが流れるパチンコ店は危険です。パチンコでアツくなった気持ちを冷ますために休憩して外にでるのがオススメです。

BGMは人に影響を与える
速いテンポだと
歩くスピードが上がり
98
198
スタ
スタ
遅いテンポだと
ゆっくり歩いて売上UP
198
98
ピタッ
ウチの店も
ゆっくりの曲を
売上増 → 本部栄転 → 出世街道
フフフ
これで
おやすみ～　ピロリン
目をさまさないで～
198
98
くかー
子守唄
やめろよ
くかー

フランスの曲を流すとフランスワインが売れる
～BGMの影響を受けて無意識に商品を選定する～

BGMに関する実験をもう1つ。イギリスの販売店でBGMの種類とワインの販売量を調べる実験が行われました。店のワインコーナーの棚にテープデッキを設置し、同じ値段のフランスワインとドイツワインを置きました。そしてフランスの曲とドイツの曲を1日おきに流して関係するワインの販売量を調べたのです。フランスワインはフランスの曲をかけた日に40本売れましたが、ドイツの曲をかけた日には12本しか売れませんでした。ドイツワインはドイツの曲を流した日には22本売れましたが、フランスの曲の日には8本しか売れませんでした。そして利用者のほとんどがBGMになんらかの影響を受けたという自覚がありませんでした。

音楽には雰囲気、空間をつくる力があります。北海道に行ったら北海道ならではの食べ物を食べようと思い、沖縄に行ったら沖縄の食べ物が食べたくなると思います。BGMにはそうした雰囲気や空間をつくる効果があると考えられます。

こうした人の傾向を利用して特定の商品を売りたい場合、関連した曲を流すのも効果的です。オススメ食材として特定の商品を大量に用意した場合など、スタッフが「オススメです」と声をかけるだけでなく、BGMを活用した無意識のオススメが効果的です。

またゆっくりと落ち着いた「居心地のよさ」を前面にだしたいなら、落ち着いた色調の店舗にするだけでなく、BGMを工夫すべきです。同じBGMでも周波数帯域を変化させることで大きく印象が異なります。特に低い周波数帯域が多い曲は、心地よさを感じさせる効果があり、ゆったりとした雰囲気のカフェなどに向いています。単純に有線のBGMを使うだけでなく、雰囲気のよい音楽は店のイメージ向上にもつながります。またBGMはほかの雑音をカットする効果もあります。これを「マスキング効果」といいます。ある周波数帯域の音が、ほかの同じ周波数帯の音を聴こえにくくしてくれるのです。他人の会話や足音、空調の音などを隠す効果も期待できます。

ボーナスは先払いで
〜損失回避性がつくる強力なモチベーション〜

ボーナス(賞与)は給料とは別に支払われる特別な報奨金の慣習で、古くは江戸時代から奉公人に配っていた衣服が原型といわれています。このボーナスがあるためサラリーマンのモチベーションが上がったり、下がったりします。非常に効果的なシステムですが、もっともボーナスを効果的なものにするなら、会社はボーナスを先払いにしてあげるのがいいのです。

「えっ?ボーナスは業績に応じてあとから支給されるものでしょう」と言う人もいるでしょう。もちろん、支給してそのままというわけではありません。

2012年、シカゴ大学のジョン・リスト教授らは、教師に生徒の成績を向上させるインセンティブとして報酬を与える際は、成果が上がらなかった場合に「返還させる」という条件で先払いするのが効果的であると発表しました。リスト教授らはシカゴ市近郊の町で地域の教員組合の協力を得て、150人の教師にインセンティブ効果の実験に参加してもらいました。教師たちをランダムに2つのグループに分け、Aグループの教師は学年の最初に4,000ドルの報酬を先払いされ、学年末までに生徒の成績が向上すればするほど返還金額が少なくなるという条件をだしました。Bグループの教師は、年度末までに生徒の成績が向上していれば年度末に達成報酬の4,000ドルが支払われる条件でした。報酬は生徒の数学の成績が地域の平均よりも1%上回るごとに80ドルとされ、最大8,000ドルを受け取ることも可能だったのです。

実験の結果、報酬を前払いされたAグループの教師の生徒の成績が10%向上したのに対し、年度末に報酬が支払われる条件のBグループの教師の生徒は、成績が向上していませんでした。この結果についてリスト教授は、「損失回避」が強く教師に働いた結果であると推測したのです。

みなさんも考えてみてください。最初に40万円を渡され、個人の目標が達成しなかったら返せといわれることの恐ろしさを。私はたぶん最初の数カ月で使ってしまいますから、返さないためにきっと死にものぐるいで働きます。

アンケートではユーザーの声を拾えない
～誘導型アンケート①～

商品開発やイベント企画などで、利用する想定者の方にアンケートを実施して企画に活かそうと考える企画マンや開発者は少なくありません。実施したことがある人は感じているとは思いますが、このかたちで実施するアンケートは意外と使えないのです。特に記述式にすると意見は集まらない傾向にあります。こちらがほしいと思っている情報はなかなか得られません。これはどうしてなのでしょう？

1つには依頼された人は、アンケートをまずマジメにやってくれません。人は自分に興味があること以外はあまり熱心に協力してくれないのです。くわしく書き込むのはめんどうなので適当に書いたり、選択肢の中のものをくわしく吟味することなく目に入ったものに○をつけたりしてしまいます。これは「社会的手抜き」と呼ばれるものの1つで、大勢でやる匿名のアンケートは「自分1人ぐらい適当でも」という心理が働いて、結果的に大勢が適当に書いてしまいがちです。またこれは人の基本的な比較構造とも一致します。AとBならどっちがいいですか？ という質問は容易に考えられますが、比較対象物のない問題点や改善点を聞いても、表層的なことしかでてこないのです。

アンケートは商品開発に活かしたり、アイデアを得たりすることには難しく、利用価値が乏しいのです。ところが、アンケートは「社内の会議に通すため」にやるものと考えると、金色の光をまといます。会社のトップは「大勢の意見」という意見に弱い傾向があります。大勢の意見は安心感を生むからです。個人の意見ではなかなか会議を通りませんから、それを多数の意見にするために用意する説得材料ツールとして考えるほうがいいでしょう。

また人はアンケートに書かれた「導線」に非常に強い影響を受けます。選択肢は選んでほしいものを左側にして若い番号をつけましょう。選択肢を選ぶ場合、全部見てからもっとも自分の意見に近いものを選ぶわけではありません。左から見て賛同するものに○をして次にいく傾向が強くあります。選択肢の設計は非常に重要です。

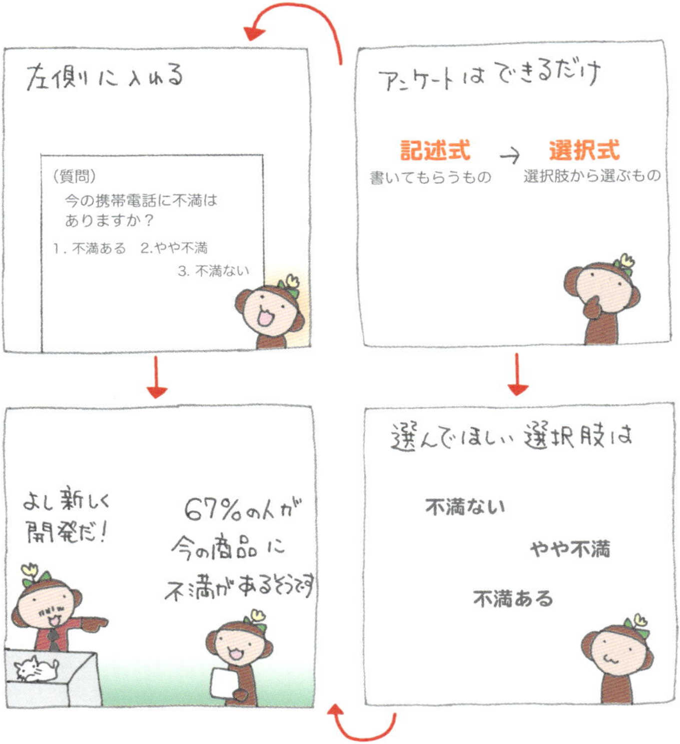

アンケートではユーザーの声を拾えない
～誘導型アンケート②～

また最終的に自分がつくりたい商品、やってみたいイベントなどの賛同を得るためには1つのテクニックがあります。たとえば「メガネ型の携帯電話」を開発したいと考えたとき、そのまま「こんな携帯をほしいですか？」と聞くのはよくありません。人は新しいものを受け入れるより反発する傾向があります。そこで途中にメガネに関する質問を入れましょう。それだけで印象がよくなります。

さらに好意的な感情を引きだす「メガネもファッションの1つだと考えていますか？」「携帯は利便性がもっとあるといいですか？」などの質問が入ると、その質問に誘導されて最終的な「メガネ型の携帯電話」の評価が上がるのです。いきなり聞くと拒絶的な反応を示す人も、頭の中で使っているシーンをイメージしてもらうようにすると反応がよくなります。むしろそうした結論にいくのは必然だと思ってくれることもあります。

聞き方も「ほしい」「ほしくない」という2択にせず、「ややほしい」「ややほしくない」と曖昧な選択があるといいです。人はイメージがわきにくいものにハッキリとした結論をだすのを嫌います。もう少し戦略的に行うなら、「ややいらない」という選択肢はなくてもいいでしょう。ただしこのようにして得た結果は、都合のよいデータを取るためのものであり、企画の成功を約束するものではありません。企画者自身がその罠に陥らないようにしないといけません。

データの捏造や改ざんは大きな問題です。しかし、人の心は問題のだし方、見せ方のフレームで大きく変化するのです。

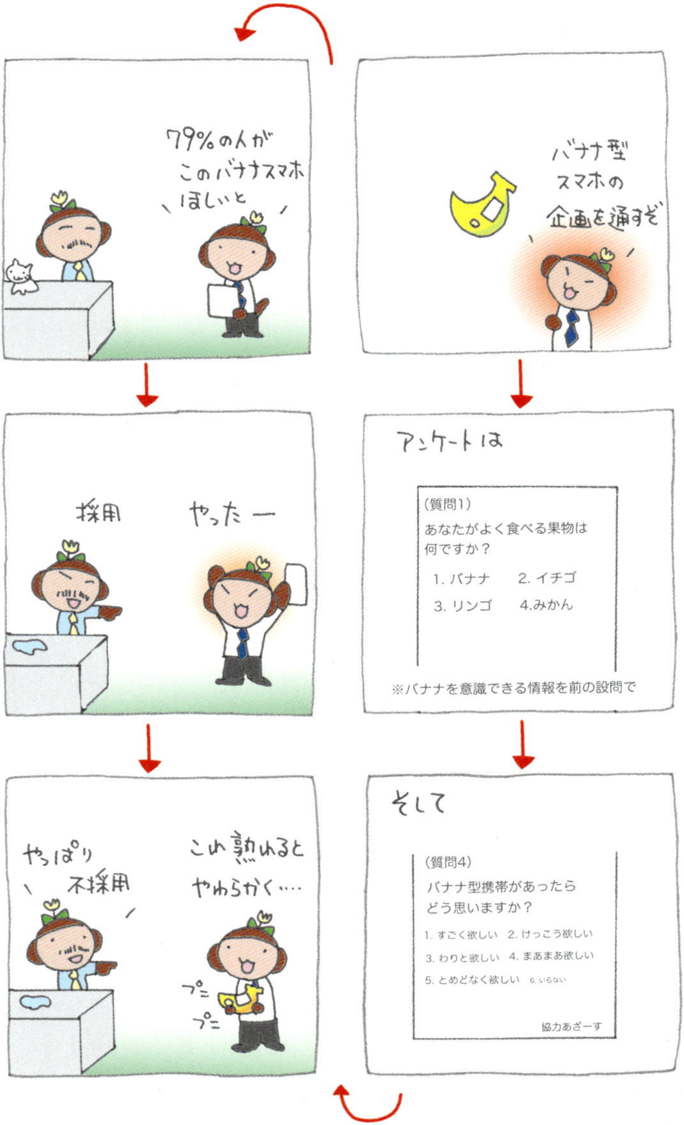
バナナ型
スマホの
企画を通すぞ
アンケートは
(質問1)
あなたがよく食べる果物は
何ですか？
1. バナナ　2. イチゴ
3. リンゴ　4.みかん
※バナナを意識できる情報を前の設問で
そして
(質問4)
バナナ型携帯があったら
どう思いますか？
1. すごく欲しい　2. けっこう欲しい
3. わりと欲しい　4. まあまあ欲しい
5. とめどなく欲しい　6. いらない
協力あざーす
79%の人が
このバナナスマホ
ほしいと
採用
やった一
やっぱり
不採用
これ熟れると
やわらかく…
プニ
プニ

「%」と「割合」のイメージ
～情緒によるヒューリスティック～

精神に不調をきたした患者の退院について、心理学者と精神科医に意見を聞いた実験があります。彼らを2つのグループに分けて、少し見せ方を変えてみました。

A:このような患者は、退院後半年の間に暴力行為をおかす確率が20%あると考えられる
B:このような患者は、退院後半年の間に100人のうち20人が暴力行為をおかすと考えられる

するとAは21%の人が退院を反対しました。しかしBはほぼ倍の41%の人が退院に反対しました。この質問に回答したのは医師や学者です。専門家でも表現の違いだけで、こんなにも差がでるのです。Aは「%」で表現されると、机上の確率的な感じがして暴力行為をおかすイメージが薄らいでしまいがちです。100人のうち20人とすると、具体的に暴力行為を行っているイメージがわきやすく、危険性を強く実感してしまいます。こうした感情の動きで起きる偏りを「情緒によるヒューリスティック」と呼んでいます。

このヒューリスティックはいろいろなものに応用できそうです。たとえばくじ引きなら「当選確率10%」より、「10個に1個が当たり」とするほうが当たる感じがします。さらに「100個に10個が当たり」とすると当たり玉個数を想像して、当たりがたくさんあるイメージがします。「割引率25%」よりも「3つ買ったら1個おまけ」と書いたほうがイメージがわきやすく、得した感じがします。

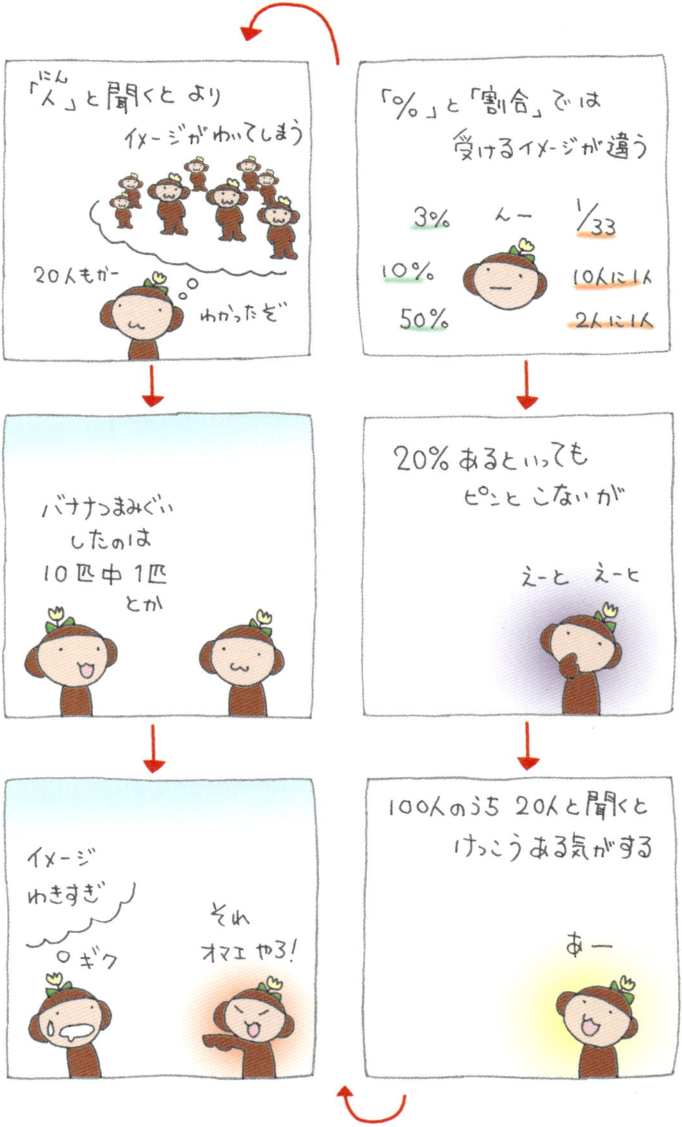
「%」と「割合」では
受けるイメージが違う
3%
10%
50%
んー
1/33
10人に1人
2人に1人
20%あるといっても
ピンとこないが
えーと　えーと
100人のうち 20人と聞くと
けっこうある気がする
あー
「人《にん》」と聞くと より
イメージがわいてしまう
20人もかー
わかったぞ
バナナつまみぐい
したのは
10匹中1匹
とか
イメージ
わきすぎ
ギク
それ
オマエ やろ!

高いものを先に売れ！
～コントラスト効果～

あなたは洋服屋の店員だとします。そこにある男性が「ジャケットとシャツと靴下がほしい」と入ってきたとします。あなたならどうしますか？

ジャケットは高い買い物になるから、ちょっと後回しでと遠慮して先にシャツを選びましょうといってはいけません。少しでも売り上げを上げたいなら、高いものから決めていくのがセオリーです。5万円のジャケットを買ったあとなら、5,000円のシャツは安く感じてくれます。500円の靴下はもっと安く感じてくれます。

これは「コントラスト効果」と呼ばれている人の認知傾向です。最初に見たものと2番目に見たものに大きな差があると、実際の差より大きな差として考えてしまうというものです。簡単にいうと暖房の効いている部屋から寒い外にでると、より寒く感じるようなものです。

不動産屋や自動車販売の営業はこうした人の傾向をよく知っていて、わざと高い物件を見せておいて、次に安い物件を見せて購買意欲を活性化しようとします。

また人は高い買い物を思いきってすると、少し安いものをムダにいっぱい買ってしまうことがあります。そんな失敗をしたことはありませんか？　車の購入、家の購入後はとても危険です。車の購入後に予算よりも高いカーナビを買ってしまったり、家の購入後に本来必要のなかった家具やインテリアを買ってしまったりすることもあります。ショップ店員なら高いものからすすめましょう。購入者として店に行くなら安いものから見て、ムダづかいをしないように注意しましょう。

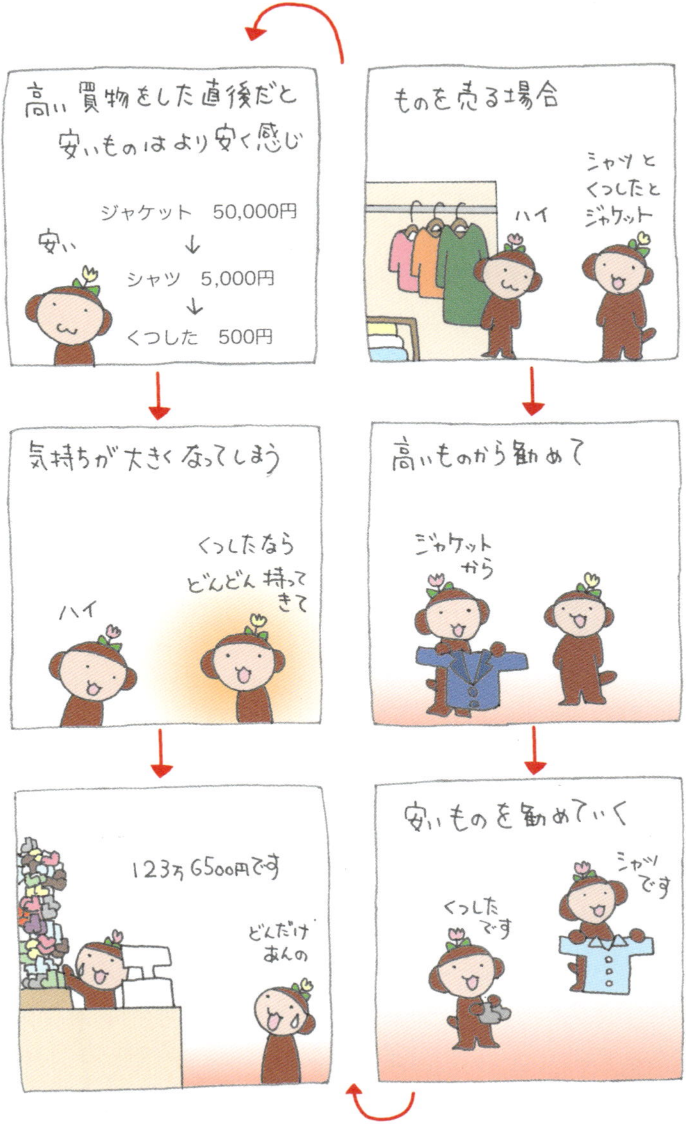
ものを売る場合
ハイ
シャツと
くつしたと
ジャケット
高いものから勧めて
ジャケット
から
安いものを勧めていく
くつした
です
シャツ
です
高い買物をした直後だと
安いものはより安く感じ
ジャケット　50,000円
安い
シャツ　5,000円
くつした　500円
気持ちが大きくなってしまう
ハイ
くつしたなら
どんどん持って
きて
123万6500円です
どんだけ
あんの

交渉は最初の見せ方がものをいう
～行動経済交渉～

行動経済学を理解すると人の判断傾向がわかり、交渉が有利に進められます。最後に行動経済学を使った交渉法をまとめます。

1. 交渉法は最初の見せ方がものをいう（アンカー効果）

交渉法で大事なのは最初に提示するものです。金額ならばそれが今後の交渉の基準になってしまいます。ギリギリのラインを最初から提示するのではなく、大きめの数字から減らしていくことが大事です。「こちらはこれほど譲歩しました」というものが見せられるといいでしょう。

2. 選択肢は多すぎず比較が簡単なものも（選択肢の設計）

選択肢は多すぎると比較できなくなります。じっくりと選定できるものなら3～5ぐらいのものが理想です。また落としどころを決めて、そこに落ち着くようにダミーの選択肢を入れることも有効です。ダミーが比較対象になるのです。

3. 交渉時間の終わりを決める（損失回避性）

「では考えておいてください」と、人はややこしい話になるとその苦しさから逃げたいあまりに結論を先延ばしにする傾向があります。しかし本当に交渉をまとめたいなら、「今日中に決めていただけたら、私もここまで譲歩します」と時間制限を設けるのが効果的です。時間をすぎて白紙に戻るぐらいなら、多少不利な条件でのむと考える人は多くいます。これは人の損失回避性をうまく使った交渉法です。

4. 最後通牒にもち込む（損失回避性）

相手がもっとも逃げられないのが最後通牒です。交渉の最終段階で「この条件を受け入れてもらえないなら、私は手を引く」と宣言してしまうのです。すると相手は拒否するか受け入れるしかありません。合理的な人間なら腹は立てても、少しでも得する交渉を受け入れます。しかし相手が感情的になりやすい相手なら、損をしても拒否する可能性はあります。交渉後の人間関係や相手次第で最後通牒は効果的に働きます。

あとがき

行動経済学はおもしろい学問です。それは理論的学問が多いなかで、行動経済学はリアルな人間の行動にスポットが当たっているからでしょう。私たちは確実に1,000円がもらえるとしたら、1万円が10%でもらえるより、はるかに魅力的に感じます。同じ1万円をもらうなら、千円札10枚より1万円札でもらえるほうがありがたいと感じてしまいます。そして行動経済学の研究が進むにつれ、心理学や脳科学との連携もあり、「どうしてそうなるのか」という行動のメカニズムもわかってきました。「こういう傾向がある」にそうなる理由が加わると、よりリアルにそしておもしろいと感じます。

また行動経済学はほかの学問と比べて目を引くので、よりおもしろい実験がクローズアップされることがあります。行動傾向はとても参考になりますが、すべてを信じるのがいいとは思いません。たとえばP.116のスーパーのジャム販売実験です。この実験から人は選択肢が多いと注目すべきところが増え、逆に迷ってしまい購入の判断にならない傾向がわかります。しかしすべての店舗で、商品の数を絞るほうが利益に結びつくというわけではありません。追加調査をしたところ、スーパーのような多様な商品を扱うところでは、実験の結果に近いものがうかがえます。しかし路面店などの単独店舗では、数多くの選択肢を用意しているからといって売り上げが下がるとは一概にいえません。業種や商品によって、多様な選択肢で注目させ、そのまま集客したお客を購買に導いて成功している店舗もあります。また多様な選択肢だけでなく、デフォルトも用意するなどアレンジと発想力で人の行動を変えられます。

私たちはこうした行動傾向を知って自分の参考にし、応用していく発想が必要だと思います。せっかくおもしろい実験であふれている行動経済学なのですから、「おもしろい」だけで終わらせないで、自分の生活を豊かにすることに活用されることを願います。

競争相手の行動を考え、自分がもっとも得する戦略を合理的に考えるゲーム理論というものもあります。行動経済学はときとして不合理な判断をする人の行動から問題を解決しようと試みますが、ゲーム理論は合理的なアプローチからさまざまな問題を解決してくれます。ご興味のある方は『マンガでわかるゲーム理論』も読んでみてください。また人の多様な心理効果について興味がある方は『マンガでわかる心理学』をオススメいたします。さまざまな心理効果が自分や他人を知るきっかけになると思います。

本書があなたの豊かな生活の手助けと、合コンでの話のネタに役立ってもらえたら幸いです。

2014年12月　ポーポー・ポロダクション

《参考文献》

『実践 行動経済学』
リチャード・ライラー、キャス・サンスティーン 著、
遠藤真美 訳
(2009年、日経BP社)

『人間この信じやすきもの
迷信・誤信はどうして生まれるのか』
トーマス・ギロビッチ ほか著
(1993年、新曜社)

『オイコノミア ぼくらの希望の経済学』
NHK Eテレ「オイコノミア」制作班、又吉直樹 著
(2014年、朝日新聞出版)

『予想通りに不合理』
ダン・アリエリー 著、熊谷淳子 訳
(2008年、早川書房)

『お金と感情と意思決定の白熱教室』
ダン・アリエリー 著、NHK白熱教室制作チーム 訳
(2014年、早川書房)

『経済は感情で動く
はじめての経済行動学』
マッテオ・モッテルリー二 著、泉典子 訳
(2008年、紀伊國屋書店)

『世界は感情で動く
行動経済学からみる脳のトラップ』
マッテオ・モッテルリー二 著、泉典子 訳
(2009年、紀伊國屋書店)

『ダニエル・カーネマン心理と経済を語る』
ダニエル・カーネマン ほか著
(2011年、楽工社)

『しまった!『失敗の心理』を科学する』
ジョセフ・T・ハリナン 著、栗原百代 訳
(2010年、講談社)

『行動経済学 経済は『感情』で動いている』
友野典夫 著
(2006年、光文社)

『合理的選択』
イツァーク・ギルボア 著、松井彰彦 訳
(2013年、みすず書房)

『色の秘密』
野村順一 著
(1994年、ネスコ、文藝春秋)

『デザインを科学する』
ポーポー・ポロダクション 著
(2009年、SBクリエイティブ)

『マンガでわかる人間関係の心理学』
ポーポー・ポロダクション 著
(2010年、SBクリエイティブ)

『脳内研究の最前性(上)』
脳内科学総合研究センター
(2007年、講談社)

『認知心理学　知のアーキテクスチャを探る』
道又爾 ほか著
(2003年、有斐閣)

《論文／解説》

音楽のテンポが経済的意思決定に及ぼす影響　小林洋平、藤川武海、Foo Yung Chau 2010

索引